妥協只是周全討好，不會讓你人生更好

Live for Yourself！

徐竹 著

作者序

學著淡定生活，沒有必要總是難為自己

在浩瀚的宇宙中，人顯得微不足道，然而在自己的內心世界裡，每個人都是自己的主宰。哲學家赫伯特．斯彭德曾如此說：「在我們身邊的所有奇蹟中，最令人確信的是，我們一直身處在萬物或由此而產生的無限而永恆的能量之中。」當我們忽略自我，依賴外在，活在他人的世界中時，我們便開始限制自己。

我們常因害怕被他人評價而去追求他人眼中的生活，例如買下自己不喜

PREFACE

歡的物品；因害怕孤獨而與不相愛的人在一起；因害怕追求夢想的辛苦而從事不喜歡的工作，……本書的構思源於對最近生活的感悟，發現許多人談及失業、或沉迷於商業行銷的消費文化，發現這個社會逐漸被扭曲，許多人在選擇時不再從心。

其中，工作是其中之一，名人的光環也是。我記得過往從事採訪工作時，所謂的名人如郭小莊、嚴長壽等人確實具有眞正的才華，但如今在大量的行銷包裝之後，任何人都可以被包裝成「名人」。

誰火了，我們就追隨，深怕自己是落後的那一個。爲何我們會如此盲從呢？這些「火紅」的東西眞的就好嗎？難道沒有更優秀的選擇嗎？

當我們一味追逐潮流時，最終會發現，自己不過是商業行銷的犧牲品，失去了個人品味，也迷失在人云亦云的環境中。

在人海中，我們往往看不清自己的特點，分不清自己與他人的不同，這就是所謂的群眾效應。只有脫離群體，回歸自我，我們才能冷靜下來，看清自己的本質。

因爲不了解自己，我們害怕孤獨，逃避思考，因此，我們習慣的做出「應該」的行爲，或者被動地與某些人交往，或過度依賴工作，導致整個生活圈都圍繞著工作而存在，一旦失去工作，就會感到手足無措，就像溺水一般。工作當然重要，因爲它提供了我們所需的生活基礎，但那不是我們生活的全部。除了工作，我們還應該擁有志同道合的朋友圈，還應該有自己的興趣愛好，這才是豐富、完整的人生。

當我們認清自己、找到自己的興趣後，就不會因爲閒暇而感到無所適從，也會懂得在悠閒中享受生活，而不是感到焦慮。無論你的生活模式、工作是否符合你的興趣，你總能在自己的空間中感到滿足和快樂。別被職業、行業、功成名就迷住了，去做熱愛、可以感受到「我」的事情吧！

當你找到自己的特點，並眞正喜歡一件事或一個人時，你才會懂得如何解決問題，過上你想要的生活。總之，將決定權交給自己，不受他人的影響，這樣才能重拾內心的寧靜。

當你明白自己想要什麼，就更容易在社會中立足。不爲任何人，只爲自己，遵從自己內心的聲音，接受周邊的一切事務，你就能夠略過他人的意見和環境的干擾，就像你也容許自己存在恐懼與缺點一樣。世界並沒有改變，改變的只是你自己，改變的是不再難爲自己的心態。

CONTENTS

學著淡定生活，沒有必要總是難為自己 3

CHAPTER 1

先問自己快不快樂

放棄討好，做自己 14
愛誰都可以，前提是先愛自己 22
自信，是自由的開始 30
無休止的欲望，是一把令人痛苦的枷鎖 37

丟掉不必要的累贅 44
打開你的心胸，多記好事 51
相信自己，活出真我 58
別懷疑自己 64

CHAPTER 2

找到點燃力量的火柴

堅持自己的道路 74
別去複製別人的生活 81
何以為師 88
把注意力放在重要的事情上 94
誠實為上策 101
適時讓自己沉澱一下 108
與寂寞相伴，而不是被寂寞打敗 113

不輕易隨雞起舞 120

CHAPTER 3

拿回發球權

在生活中來場冒險 126
不做後悔的事 134
站在最有利的位置上 139
勇氣讓你通行無阻 144
做更好的選擇 151
隨時保持冷靜 157
拿回發球權 162
為自己的決定負責 167

CHAPTER 4

學習與寂寞共舞

別傻傻當砲灰 174
嗜好是你一生最忠誠的朋友 180
淡定接受自己的一切 185
別去奢求他人的同情 191

CHAPTER 5

遠離有害環境

懂得保護自己 200
別相信別人畫下的大餅 207
遠離有害環境 212
改變被奴役的命運 217
你在浪費生命嗎？ 223

失去，是另一種獲得 230
不要想去討好所有的人 236
學會自私一點 243
中斷不良行為模式 249

CHAPTER 1

先問自己
快不快樂

放棄討好，做自己

伍綺詩（Celeste Ng）第一部長篇小說《無聲告白》裡有這樣一句話：「我們終其一生，都在擺脫他人的期待，找到真正的自己。」

追求完美，似乎是我們不可避免的天性。我們太在乎別人的感受，用各種標準來苛責自己，卻忽略了自己內心眞正的聲音，忘了問自己眞正想要的是什麼，不知不覺中，我們把別人的喜怒哀樂當成了自己的行爲指南，忘了問自己到底開不開心。

自己不再是「我」最好的朋友，反而成了終生必須戰勝的敵人，人生路途上的陌生人。

在工作中，我們討好老闆，希望得到同事的認可；在人際關係中，我們為了維護友誼，而保留自己的意見；在愛情裡，我們可以心甘情願地做牛做馬，為眞愛犧牲奉獻，在所不惜……。人人都不想得罪，凡事以他人喜惡爲中心，想必活得很累吧！一味的討好只是讓我們不斷地贏得「老好人卡」，但不會換來等價的回報。而且你會發現，當你眞有所求時，別人未必跟你一樣，願意付出與回報不成比例，甚至只想遠離你，屆時龐大的失落感將把你壓垮。

爲什麼會這樣呢？

其實這就是人性。我們對容易得到的東西，往往不懂得珍惜，總是仰望天際，認爲遙遠的星星才是最珍貴的。同理，當你的付出在他人眼中變成了一種習慣，覺得這是理所當然，自然就忽略了你說不出的心酸和無奈。

討好與無底線的付出換來的不是愛，那是習慣。

成爲一個老好人看起來不錯，但若這意味著我們要放棄自己，那可就不值得了。要記住，你可以付出，你也可以收回你的付出，因爲那是你的選擇。

吃力不討好，何苦爲難自己

從來，爲難自己的不是別人，是自己。

一名當紅偶像提到，她在剛成爲藝人時設立了粉絲專頁，從幾千人瀏覽到她迅速走紅，瀏覽人數一天之內暴增數萬，起初她還耐心地與粉絲互動，這對忙碌的她而言是非常吃力的事。爲了回報粉絲的支持，她仍勉力犧牲已經少得可憐的睡眠時間，來回答粉絲的各項問題。

然而，狀況還是失控了！僅僅是因爲漏掉幾篇粉絲的留言回應，粉專上竟出現了一連串的謾罵文章。她耐心解釋，對方卻還是不滿意，串連一些朋友在網路上批評她，說她是人紅了變得不可一世……每日她的粉專開始被一連串謾罵的言論給灌爆，這樣的情況令她心力交瘁。

最後她不再堅持，聽從公司的建議，把粉專改爲官方網站，由公司代爲發言，才解決了這個困擾。也因爲這次事件令她對人性產生了一些質疑，沒想到自己善意的出發點，卻爲自己帶來麻煩。

儘管這位藝人出發點立意良善，但卻忽略了當事態發展至自己無力負荷時應如何處置。我們無法討好每一個人，更別提那些躲在網路後面的無名之輩。面對挑戰，我們必須有適時調整修正的智慧，而非一味堅持，不知變通。唯有如此，我們才能在這個充滿挑戰的世界中持續前進。

按照自己的方式生活，世界會因爲你而精采

最近很喜歡一段話：「生活各自不易，各人所求不同，各自立場不一，勿在別人心中修行自己，勿在自己心中強求別人。」害怕被排擠、渴望被愛，因著這些渴望趨使我們隱藏自己的眞正需要，爲配合他人期望，無法開口對別人無理的要求說「不」，結果到頭來不知爲誰辛苦爲誰忙，甚至在力有未逮、無力完成之際遭人嫌棄，還可能被嫌多事。

每個人都有權利做出選擇。面對挑戰我們可以選擇欣然接受，也可以衡量自身狀況適時地拒絕，這取決於我們是否有勇氣說「不」。有時候，拒絕是必要的選擇，也是一門學問。我們除了需要堅定的意志力，還得訓練自己學習在不傷和氣的情況下讓人理解自己之所以無法幫忙的原因。甚至於無論任何理由，對方都無法接受時，雙方要有不歡而散的心理準備。

總覺得拒絕別人像是自己做錯了事？忙著滿足他人的需求，無暇顧及自己的需要？寧可討好別人犧牲自己的人生？這都不是聰明的做法。我們應該堅持自己的原則，讓周遭的人理解：人與人的關係必須建立在雙方認可的共識下，才有可能達到圓滿的結局，而不是非得誰應該配合誰不可。

起初，你從一個「好好先生」開始意識到該多留點時間、空間給自己時，與他人之間的關係難免需要一段時間磨合，別人以爲你變了，甚至爲了要不到好處而跟你翻臉；但請別輕易動搖，想想未來吧！

哪有什麼事會比你的感受更重要？又有誰能替你承擔生活中的喜怒哀樂呢？答案顯而易見——唯有你自己。

儘管可能面對他人對你一時的不諒解，但能贏回屬於自己的時間、空間，滿足自己眞正的需要是値得的。你不再需要擔心電話隨時響起，讓別人的事情占用你的時間，讓別人的問題成爲你的問題，我們的世界將變得更加寬廣。

不想讓自己成爲他人習於「壓榨」的對象，就必須先建立起自己的原則。

把持住你的準則，離開那些造成你痛苦的朋友、同事吧！只要劃清底線，堅持自己的原則不受左右，別人會慢慢了解你不是好欺負的，自然而然那些軟土深掘的事情也就不會找上門了。

在發自內心的快樂滿足之下，我們的喜悅就能感染他人。我們身邊吸引圍繞的將是共同分享生活的夥伴，而不再是一味要求我們犧牲的「無情殺手」。

記住！每個人都有快樂的權力，要爲自己挺身而出，別一再委曲求全。

常常覺得不快樂，是因為你追求的不是幸福，而是「比別人幸福」。

愛誰都可以，前提是先愛自己

不管有沒有人愛，都要努力當個可愛的人。不埋怨誰、不嘲笑誰，也不羨慕誰，在陽光下燦爛，在風雨中奔跑，做自己的夢，走自己的路。

——網路文章

一個女孩哭訴著情路坎坷，爲什麼每次交男朋友總是受傷。她已爲情付出了一切，卻總是遇人不淑。難道是命運弄人？是自己做得不夠多嗎？眼看別人的幸福似乎輕易到手，爲什麼她總是活得比別人辛苦？

這似乎透露出不少女性的心聲。會這麼反問自己的人，其實問題不在於

「做得不夠」，反而是「做得太多」。殊不知眞相是，你對一個人越是百般討好，他就越可能背叛你。

每個女性都希望在戀情中被對方捧在掌心，婚後還能盡享少奶奶般的福氣。然而，眞能如願的實屬罕見，因此多半也只能羨慕他人。其實，問題的答案不在於所託非人，而在於自己如何看待自己的價值。

我有一位八面玲瓏的女性朋友，無論她交往的對象是貧是富，對她都呵護備至。令人不禁好奇的是，她既沒有天仙般的美貌，如何能擁有公主、女王般的待遇？仔細探究之下，她之所以總是被人捧在手心，不僅是因爲她懂得挑選對象，更是因爲她懂得如何讓對方珍惜自己。

要如何讓對方懂得珍惜自己呢？首先，想讓人珍視自己，就得先學會愛惜自己，並讓對方感受到你的價值。

接續剛剛這位朋友的例子，她的長相雖然並不特別美艷，但卻時刻精心打扮，注重自己的儀容和身材保養。光是這一點，她就已經打敗那些提早進入「黃臉婆」階段的女性，使自己顯得更有魅力，更容易吸引對方的注意，無須藉由「犧牲打」來博得異性的關注。加上她的個性外向，總是積極參與各項活動，善於安排自己的生活。因此，不論何時見到她，都擁有完美妝容，充滿活力。這種魅力的散發，並非源自於她對愛情的渴望，而是來自她對自己的愛。

《奇葩說》節目裡蔣方舟有段話說得很對：「每個人都有自己獨一無二的特殊價值，如果你放棄自己的個性和價值，去打造一個討人喜歡的人設，這將意味著，你所吸引來的人並不懂得欣賞眞正的你。眞正懂得欣賞你的，愛上的永遠是你意氣風發的樣子，而不是那個故作謙卑、刻意討好的你。」因此，要使對方懂得珍惜自己，首先得學會愛惜自己，擁有自信和魅力，比做一個百般討好男人的「好女孩」更加吸引人。

關愛自我，讓快樂伴隨每一天

不顧後果去愛，默默付出、犧牲，以爲付出越多，對方就會越愛你。這樣的想法往往只是一廂情願。張小嫻說：「卑微的愛無法愛到地老天荒，它總難免會有終結的一天，然後就不愛了，然後就明白愛不是一種施予和乞討。愛你的又怎會舍得你卑微。」萬般心血若都架構在這樣脆弱的愛上，往往比不過一個外型亮麗、容光煥發的身影。一段感情關係，並不是你付出越多，對方就會更愛你。眞正的關鍵在於對方是否能誠心悅納你的付出。過度的蓄意討好，只會讓對方漸漸將你的付出變成習慣，甚至視爲理所當然。

別太高估男人的深度，別讓自己還沒受寵就跳到「當媽」的程度。這樣可能招致的不是感恩，而是漠視。沒有任何男人會愛上一個像老媽子一樣的女友。你應當專注於讓對方注意到你的優點，提升自我，使對方覺得你是一個値得珍愛的對象，而不是很好使喚的傭人。

爲愛付出應建立在維持正常生活的基礎上。感情只是生活的一部分，而不是生活的全部。只有當我們愛自己，照顧好自己，才能吸引那些懂得眞心疼愛我們的人。一個隨時保持樂觀開朗的人，任誰都喜歡與之爲伍。因此，不需要整天黏著另一半，更不須盯梢男友，反而讓另一半甘心隨時相伴，因爲你受歡迎而感到沾沾自喜呢！

看到以上事例，再對照自己，過往的情路失意是否都得到了解答？其實，你沒必要總是讓自己過得那麼辛苦。你知道嗎？人生如此可貴，我們沒必要總是那麼難爲自己。

人之所以能得到幸福，不在於對方愛得多深，而在於懂得先把自己照顧好，自然而然就能吸引那些懂得疼惜你的人。兩個人的感情並沒有我們想像的那樣複雜。在經營愛情關係時，更要學會經營自己的生活。當你懂得愛自己，就不會讓自己受到傷害。即使遇到的不是適合我們的對象，也能夠好聚好散，彼此祝福。維持眞我不是自私，唯有如此，才能找到眞正適合自己的另一半。

當你感到疲憊時，以正能量安頓內心

有時候，人們會陷入一種錯誤的觀念，認爲眞愛必須伴隨著犧牲和傷痛。然而，這並非事實，而是一種縱容。當你縱容別人傷害你的同時，已扭曲了眞愛的定義。

若我們自己都不重視自己的感受，又怎能要求別人體諒我們呢？很多時候，我們自己就是一面鏡子，鏡子裡你的一言一行，將決定他人對待你的方式。

當你能展現像女王一樣的自信風采，就不至於低聲下氣委屈自己。當你把生活過得充實愉悅時，也將吸引正能量。無論在感情或生活上，這兩者都息息相關。當我們的內心真正得到滿足時，也將能吸引更多美好的事物圍繞身旁。

請捫心自問，當你爲自己的付出得不到預期的回報而心灰意冷時，你敢說其中沒有期待「交換」的成分嗎?卑微地主動委屈自己，只希望得到他人的接納，這不過是證明自己的脆弱，卻不能責怪他人剝奪了自己幸福的權利。

我們必須明白，要贏得別人的接納，未必得事事去迎合他人，而是以「贏得彼此尊重」爲前提，才有辦法使雙方得到眞正的幸福。願意接受你的，自然會無條件靠近。只要你懂得善待自己，那些心術不正、只想占便宜的人，自然無法得逞。

不要抱怨命運，也不要責怪他人對待你的方式。重要的是，改變自己的態度。學會寵愛自己，而不是向外索取。當你懂得安排自己的人生，自然而然就能被幸福所圍繞。

”

不要把每個人看得那麼重要，不要刻意和任何人成為朋友。記得，愛別人要適可而止，愛自己要盡心盡力。

“

自信，是自由的開始

一個講求時髦的紈褲子弟是：服飾商人的朋友、裁縫師愚弄的對象，以及他自己的敵人。

——拉法蕊，西方哲學家

一個人如何面對內心的自卑，將決定人生走向。

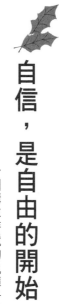

一個眞正自信的人，不會輕易炫耀，因爲他明白自己的能力無須依賴他人的認可。他追求的是實現自己的目標，而不是別人的讚美。

自信的人擁有一顆悠遊自在的心，無論面對什麼樣的挑戰，都能保持鎭定從容。他們不會被外在的名聲和財富所左右，而是專注於內在的成長和自我實現。因此，無論身在何處，他們都能保持心中的平靜和自由。

讓我們學會相信自己，堅持追求內心眞正的價值，這將是我們自由生活的開始。

擁有實力的人，無須炫耀

在美國南北戰爭時期，北方軍隊由格蘭特將軍領導，最終擊潰了南方的李將軍。雙方在阿波麥托克斯簽訂和平協議。簽訂協議當天，李將軍刻意整裝，腰間佩戴著維吉尼亞州賜予的寶劍；而格蘭特將軍卻依然身著參加戰役時的破舊軍服，沒有一絲耀武揚威的意味。

然而，在場所有人都知道誰是贏家。格蘭特將軍反而贏得了更多的尊重。

「事實勝於雄辯」這句話道出了眞相。再多外在的矯飾也無法掩蓋內心的空虛，而眞正有實力的人不需要靠外在的虛飾來證明自己；他們更關注內在的成長和實力的累積，而不追逐虛榮。

我們常聽人說：「半桶水叮噹響。」越是愛炫耀的人，越顯現出內在的貧乏，只能往外尋求支持的聲音。然而，那些聲音往往也只是言不由衷的諂媚而已。

那些愛炫耀的人往往是內心最脆弱的人。好不容易有些小小的成就，立刻敲鑼打鼓，恨不得人盡皆知，這往往招來嘲弄或嫉妒的眼神，對自己來說，未必是好事。

如果我們太在意別人的眼光，就容易迷失自己，爲那一點挫折而覺得整個世界像是要毀滅似地，因爲別人一句讚賞就得意忘形。若輕易讓起伏的情緒掌控了我們的生活，甚至有時還扭曲了目標，我們的生活還能有寧日嗎？

人生的最高境界來自於自在的生活，這種自在是反觀自省、最眞實的人生。很多人終其一生都很難達成這樣的境界，也因此難以感受到眞正的快樂。

多數人以爲窮人是最痛苦的，因爲他們無法隨心所欲地過想要的日子，生活上的匱乏如同巨大的鉗子，控制了他們的行動。享受人生對他們而言幾乎是奢侈的。但富人就眞的得到了全部？眞能隨心所欲嗎？

懂得低調的人，才是懂得生活

有錢人的生活可能看起來光鮮亮麗，但背後的壓力和孤獨卻是很多人無法想像的！

他們害怕子女被綁架，害怕身邊的朋友都是爲了錢而接近自己，自認難以得到眞愛。即使面對眞命天子，他們仍不禁要問：「這人是因爲貪圖我的財富而來的嗎？」因此，他們懷疑眞心的存在，容易被物質綑綁，總是懷疑周遭所有的連結都以利益爲出發點。即使身邊不乏人群圍繞，他們卻依然感到孤獨。

我有一位富商朋友，在孩子年紀還小時就忍受了骨肉分離的痛苦，因爲他選擇把孩子送到國外去唸書，太太也因此去照顧孩子。想當然爾，他無法享受到家庭的溫暖，日子也不見得好過。

反觀那些物質生活不富裕的家庭，一家子可以團聚在一起，甚至家庭的凝聚力更強。你說，相較之下，誰比較幸福？

如果一心崇尚物質，那麼即使得到了財富，在炫耀的同時也將失去身旁人的眞心相待，總認爲身邊的人都是懷抱利益交換而來。當你誇耀自身成就，必然會遭到嫉妒，中傷也就難免如影隨形。因此，名和利帶給人的有時不見得是好處，反而會造成生活上的混淆。

凡事低調的人往往更懂得珍惜生活中的美好。他們不會將自己的成就和財富拿出來炫耀，因為他們知道這些都只是身外之物，重要的是自己怎麼過日子，如何看待自己。在享受名利財富之外，他們依然可以感受到世界的美好，並因此贏得尊重，得到真誠的友誼。

炫耀只是一種誇大的行為，同時也反映了人內心的自卑。一個內心感到踏實的人，不需要透過這種方法來尋求認可。

懂得凡事低調，才能保有自我，這種人比任何人都懂得生活。即使面對失敗，他們依然能保持一顆平靜的心，靜待撥雲見日的一天。

因此，要真正活出自己，我們需要擁有健康的身體和心態，懂得以平常心看待事物，擁有自己的原則和目標。這樣，我們才能遠離虛榮與自卑，真正找到屬於自己的幸福，也就不會迷失在外在的掌聲之中。

”

你的成就有時不光是你個人的努力，而是結合眾人的成就，因此謙卑才是得到多數人認可的最佳態度。

“

無休止的欲望，是一把令人痛苦的枷鎖

沒放在自己心裡的東西，無一是自己的財產。

——克勞迪斯，德國詩人

儘管在生活中，人人都有最基本的物質需求，但不可否認的是，人類對物質的欲望常常成爲我們生活中的阻礙，也因而爲自己帶來了沉重的壓力。這些無法滿足的欲望就像沉重的包袱，緊緊束縛、奴役著我們的人生，消耗著我們的精力和時間。

人啊，特別奇怪，得不到的想得到，得到了又不珍惜。我們容易健忘，忘記過去曾辛苦掙來的東西。儘管那些曾經是我們最大的夢想，一旦擁有後，看到的卻是別人擁有更多、更好的東西，這使得我們的胃口變得更大，再也無法滿足於現況，因而產生許多痛苦。

看著他人駕駛著性能出色的名車，我們便開始嫌棄自己好不容易存錢才買得起的二手車；看到進口的埃及精梳棉床組，就恨不得把家裡那套普通的混紡床單一把火燒掉……社會上充斥著太多的誘惑，讓我們不斷追求更新更好的東西，卻使我們迷失，忘記了初衷，陷入物慾的漩渦，只顧著眼前的事物，渴望獲得更多，卻永遠無法填滿內心的空虛。

希望提升生活品質是每個人的心願，也是激勵我們向上的動力，但在盲目追逐下，我們往往忘了，一旦想要的超出實際所需，就會變成一種負擔。爲了那份虛華，你開始耗盡心力，反而享受不到眞正的幸福。這好比你購入了上好的頂級床組，卻喪失了享受它的時間。爲了那套舒適好眠的床具，你工作到爆肝，這豈不讓人感到荒謬？

不用懷疑！這麼做的人比比皆是，甚至包括你和我。

或許你會安慰自己說：「沒辦法，不滿足就是人進步的動力。」這話雖然沒錯，但除了那些看得見、摸得到的物質世界，生命中還有一種不可或缺的，就是心靈上的快樂。物質帶來的快樂是短暫的，只是轉瞬即逝的喜悅，隨之而來的煩惱卻可能久久揮之不去。

欲望太過強烈，將使「自我爲難」的滋味啃噬你心

《購物狂的異想世界》（Confessions of a Shopaholic）不僅是一部風靡全球的暢銷小說，更是一部深刻反映現代社會中對物質執著和迷失的佳片。

女主角蕾貝卡．布盧姆伍德是一位迷人又瘋狂的購物狂，她居住在繁華

的紐約市，從小就沉浸在商店櫥窗的華麗世界中。她夢想著長大後能進入時尚雜誌工作，但命運卻安排她入職財經雜誌，成爲專欄作家。

蕾貝卡以「綠絲巾女孩」（The Girl in the Green Scarf）爲筆名，通過她獨特的購物觀點詮釋理財文章，意外地打動了與她處境相似的讀者。然而，諷刺的是，雖然她在專欄中教導理財之道，但自己卻深陷於揮霍無度的物欲漩渦中。她試圖擺脫購物癮卻屢戰屢敗，面對債臺高築的帳單，只能想盡辦法逃避。

我們或許都有過類似的體驗，爲了追求所謂的生活品質，不斷購買各種物品，卻忽略了生活中更重要的事物。或是將理想和興趣擱置一旁，因爲你得去繳貸款、想辦法賺更多的錢，以維持物質生活。

物質不會讓你產生更多的希望，你擁有的只是「當下」，而不是未來。當一個人的生活被物欲所束縛時，他可能會失去對自己的理解和對未來的希望，生活也因此變得迷失空虛。

雖然也想度假，但因爲買了一套昂貴的沙發而作罷；因爲每個月得花費幾萬塊在服飾上，因此不敢隨便換工作……或許你認爲這是你辛苦工作應得的犒賞，但這樣犒賞的結果眞的爲你帶來幸福嗎？

想想你曾經買過多少無用的東西？那些閃亮亮看起來像鑽石的首飾被扔在抽屜一角，早已失去了關愛的眼神；那些靴子、不合身的服飾占據了衣櫥的空間，之前買的時候感到歡喜，現在看了卻是礙眼，但又捨不得丟棄。先不提你爲這些物品浪費了多少金錢，因爲那些無形的損失更珍貴。你可曾想過，這些物質讓我們失去了多少自由，又度過了多少爆肝的夜晚？

擁有物質眞的能帶來幸福嗎？那些閃亮的首飾和昂貴的家具，在失去新鮮感後，是否還能爲我們帶來快樂？或許眞正的幸福並不在於擁有多少物質，而是在於如何享受生活，如何追求內心的眞正需求。

當我們不得不爲追求物質享受而拚命加班；即使出現更好的工作機會，卻因薪水不夠高而不得不放棄；爲了賺錢滿足購物欲望，你只能將前往自己夢想國度的腳步暫停，把夢想停留在想像中。我們失去了追求興趣的時間，失去了與家人朋友共度歡樂時光的機會。我們的人生正因爲物質的追逐而一點一滴地被剝奪，這眞的値得嗎？

無論我們擁有多少，最終我們都會發現，物質僅僅是身外之物。它們不僅限制了我們的發展，還妨礙我們選擇自由的權利。如果我們無法克制購物的欲望，最終只會成爲物質的奴隸，成爲那些外在事物的奴才。特別是當我們試圖擁有超出自己經濟能力的東西時，我們只是成爲幫銀行做牛做馬的苦力而已。

眞正的快樂不應該被物質所束縛。若我們不去認清快樂的本質，而一味以購物來滿足自己，這是不健康的心態，甚至代表生活的一種空虛。眞正感到充實的人，並不需要向外求取，也懂得如何享受生活。

當你擁有得越少，表示你的人生越自由，越有機會去追求眞正想要的。你可以盡情發揮自己的興趣，享受旅行，認識更多有趣的朋友，或專注於能讓你更快樂的事情，而不是以金錢作爲一切的衡量標準。

有錢並不一定代表生活品質的提高。如果我們不知道自己的興趣，視野狹窄，所擁有的不過是更多磚頭砌起的城堡，而你就住在圍牆裡。眞正懂得生活的人，即使置身於相同的環境，也能眞正感受到愉悅。

”

實際需求跟我們的欲望往往有很大的差距，而我們卻在這中間疲於奔命，浪費了最精華的歲月。

“

丟掉不必要的累贅

生活中其實充斥著許多你我不需要的東西，別只因一時情緒的衝動，讓自己增加許多負擔。

最近，在我找房子的過程中，我發現不少狹小的套房裡，有些人養了寵物。在一個只有三、四坪的小房間裡，波斯貓的長毛滿天飛。打開另一扇門，衝出一隻非常漂亮的臘腸狗。不論身在何處，都可以聽到鄰居家不時傳出「汪汪」的叫聲。途經寵物店時，我注意到櫥窗裡的貓咪很快就被顧客預訂一空。現代人是不是越來越喜歡養寵物了？

越來越多的小動物被養在封閉狹小的空間裡，這對這些可愛的生物未必是一件好事。我不禁思考，這些主人到底是怎麼想的？他們是眞的關心動物呢，還是自私地只想找個寵物陪伴，卻不在乎寵物所受到的待遇？如果我們連自己的生活都照顧不好，怎能確保寵物能夠獲得良好的照顧呢？

爲了排遣寂寞而自私地養寵物，卻害苦了這些動物。

我年輕時也曾養過寵物，深深體會到這種辛苦。爲了照顧一隻開刀後的貓咪，我甚至辭去了工作。爲了讓寵物擁有更大的空間，我不得不忍痛花錢換了一個更大的居所。然而，最終貓咪還是在搬家時跑走了。

你是否眞的給了寵物所需要的幸福？

我們都熱愛著身旁毛茸茸的小夥伴，但是否眞的給了牠們所需要的幸福呢?有時，我們可能只是將自己的感情投射在牠們身上，而這可能成爲一種負擔，不論是對我們還是對牠們而言。

在追求愛與陪伴的同時，我們也應該愼重考慮，是否能夠給予牠們適合的生活環境與關愛。或許，你原本可以得到更好的生活品質，可以儲蓄讓生活無慮，或是幫助眞正需要幫助的人，卻把這些錢花在供養你的寵物，而你的寵物最需要的可能只是自由，離開你封閉的小屋到外頭自由自在的奔跑。

說到這裡我必須特別澄清，我的意思絕對不是要你拋棄自己的寵物，而是要你在養寵物之前，務必要先想清楚自己可以提供寵物的生活環境和條件，否則你就是在增加自己的累贅，也造成動物的痛苦。

人生的「加減乘除法」，
想通了就幸福了!

這樣的累贅不僅發生在養寵物上，生活中的每一個決定都會爲生活帶來影響。

心理學上，有一種效應，叫鳥籠效應（Birdcage Effect）。如果一個人的客廳有了一個空鳥籠，過段時間，他會買隻鳥回來養，而不是把籠子丟掉。這種被物所累，成爲物件「俘虜」的狀況，是生活中最常見的事。

生活中充斥著許多你不需要的東西，只因爲一時衝動，讓自己增加許多負擔，那些你逛街時不經思考而買下的東西、在購物頻道的限時特價倒數時忍不住撥打電話、上網買下你以爲難得一見的新奇產品等等……當時你覺得非要不可的物品，後來都成了你生活上的累贅。

爲了那些用了一次就被擱置的物品，我們不得不犧牲生活空間來擺放，甚至不得不換大一點的房子來因應；你得加班才得以平衡開支，你得犧牲從事興趣娛樂的寶貴時間，這些一時興起的欲望消耗了你大半的生命，是一種累贅。

奧斯卡影帝尼可拉斯凱吉（Nicolas Cage）因爲購買大量昂貴而奇特的物品而聞名，包括恐龍骨頭、私人島嶼和豪華房產。然而，這些購買行爲最終使他陷入了財務困境，欠了一屁股債，不得不出售部分資產來償還債務，甚至，開啓好、壞片都接的演藝人生，還因此被稱爲「爛片之王」呢。

買買買本身並不會帶來快樂，而是我們對未來美好的預期所帶來的快樂。這種脫離實際的快樂並不是眞正的快樂，只會讓人陷入重複消費和衝動消費的惡性循環。

另外一種累贅是那些令人不快的人際關係。有可能你其實並不喜歡跟他們相處，但卻由於依賴成性，讓你經常生活在一種低迷的情緒當中。

你應該聽過很多爲男友背債，或遭受另一半暴力相向的例子，這樣的折磨讓人一蹶不振，就算再樂觀的人也經不起一再打擊。那些當初你以爲的幸福變調之後，這樣的關係就不該再繼續下去，當對方是拖累你而不是爲生活加分時，就是你應該放手的時候了。

工作的壓力、不斷流竄的訊息、思維，不斷變化的人際關係與隨時可能出現的生活挑戰，都可能使我們感到疲憊不堪。如果我們不能及時清理這些負擔，生活就會變得一團亂。

背負了沉重的包袱，就無法步履輕快。在人生的旅程中，想順利持續前進，你需要適時丟掉一些負擔。也許剛開始會有些不習慣，但久了之後，你會發現這樣的你才是最快樂的，開始爲自己而活，而不是那些非必需品。

讓生活簡單一點，你就能感到自在，多些時間來照顧自己，做你想做的事，這才是你的人生。不要爲難自己，更不要替自己找來一堆麻煩，擾亂生活的寧靜，畢竟過自己的日子總比爲了別人過生活來得有意義。別人的問題是別人的事，你不需要往自己身上攬，到最後才發現連自己的生活也賠進去了。

有時，我們拚命奔跑，想趕赴每一場喧囂，忙碌又疲憊。
可停下來才發現，生活得簡單一點，其實更能愉悅人心。

打開你的心胸，多記好事

用思想生活的人會覺得這世界是個喜劇，用感情生活的人會覺得世界是個悲劇。

——波爾・西方思想家

擁有包容心是展現個人氣度的重要指標。只要我們心胸寬廣，機遇就會像潮水一樣源源不絕，我們的發展也將不受束縛，展現更多的可能性。

或許你認爲「謹守規範，安全至上」，外界的詭譎變化猶如森林深處，充滿了毒蛇猛獸，讓你擔心一不小心就會受到傷害，也不知何時會被算計。

然而，若我們時時懷抱這樣的憂慮，你可能會錯失許多美好的事物，只能躲在自己的象牙塔裡，遠觀別人的精彩人生，而不敢向前邁出一步；即便再好的機會，也會因你的遲疑而錯失。

以開放的胸襟接受各種不同的聲音，並不是要你把自己暴露在危險中，盲目相信一切消息，而是讓你從不同的經驗中吸取教訓，並找到眞正適合自己的事物。

包容
是連接人際關係的一座橋

寬容是一種自信，因爲你相信自己的判斷，有足夠的能力去分辨是非，因此願意傾聽並接納。凡事能往好處思考，而非先入爲主地阻絕那些可能發生的好事。

以前有個生意人，由於他的工作有季節性，當生意清淡時他賦閒在家，得空將庭院好好清掃一番。這時，忽然有個流浪漢跑了進來，一屁股坐在乾淨的桌椅上。生意人倒完垃圾之後看到流浪漢，不禁一愣，但仍沒有動手驅趕流浪漢，依然繼續低頭掃地。那名流浪漢不但沒有不好意思，還翹起腳來，一副悠遊自在的模樣。接著，流浪漢開始指揮他：

「這位大哥，這頭沒有掃到，那邊的椅子沒擦到……」

生意人起先覺得有點生氣，這是他家，他才是主人啊！沒想到那名流浪漢竟然反客為主，把他當成奴才。不過他想了想，還是憋住了這口氣，照著流浪漢的話把那些地方一一打掃乾淨。等他好不容易清理完畢，刻意走到流浪漢身邊問：「大哥，你看還有什麼地方沒清理到？」

那名流浪漢好像當這裡是自己家一樣，氣定神閒地說：「我看是差不多了。」

那名生意人覺得好氣又好笑，但還是隨他去，沒有對他發脾氣。接著他進屋內煮了一壺茶，本想好好休息喝口茶，走到院子裡看見那名流浪漢還在，於是他把茶端了過去。

「大哥，喝口茶吧！」

這時流浪漢的態度才開始有些轉變：「一塊坐吧！」

一般人聽到這裡恐怕已經氣得跳腳了，但生意人卻一點也不動怒，倒了杯茶請對方喝。那個流浪漢喝了兩口後，悠悠地說：「你是這裡的管家嗎？看你工作這麼認眞，你的主人一定很賞識你。」

那名生意人笑了笑，說：「不，我沒有主人。」

流浪漢滿臉狐疑地看著他，過了一會兒，生意人才說：「我就是這裡的主人。」

流浪漢聽了大為訝異，站起來不斷向生意人道歉，但生意人一點也不在意，反而說：「椅子本來就是要給人坐的，誰來坐都是一樣的。」

這名流浪漢聽了大受感動，提議願意幫生意人做些雕刻來賣，讓他在淡季也能補貼些家用。生意人接受了他的建議，流浪漢用石頭雕出各式各樣美麗的動物，讓生意人大賺了一筆。

後來他才知道那名流浪漢原來是一名雕刻大師，在兩人的合作之下，生意人成了當地最有錢的富商。

心寬路更寬，用平和的心包容每一件事

許多人認為，只有在電視劇中才能見到生活的跌宕起伏，現實生活中則

往往顯得平淡無奇。

我們常能在電視劇中看到這樣的故事情節：善良的人在無意間給予他人無微不至的關心，後來得到豐厚的回報；看見一位小姐遇到麻煩，路見不平，拔刀相助之後，沒想到她的身家背景顯赫非凡。不要認為這樣的故事永遠只會發生在電視劇中。現實生活中，人生亦然。

這世上本就存在著各種可能性，只要我們擁有包容的心態，就永遠無法預料自己會遇到什麼樣的美好。關鍵在於，不要限制自己的想像力，也不要用世俗的眼光去評價他人；應學習欣賞高尚的價值和事物，而不是僅僅用權力和財富來衡量一切。

因此，我們不應該把所有生活的酸甜苦辣歸因於命運，也不應該將別人的成功歸因於幸運。切記，心胸狹窄會令人視野變得狹隘，從而失去整個廣闊的世界。

不要忽略那些看似不起眼的人事物，有時它們反倒能成爲改變命運的契機。如果你能敞開胸懷廣爲接納一切，你將發現，即使在最困難的情況下，世界也存在著光明。這不僅能改變我們的生活，更能豐富我們的人生。

”

學習接受缺陷，你才能發現世上更多的美好，放大自己的格局。你的格局越大，就不會在一些瑣事上斤斤計較，身邊的破事也就越少！

“

相信自己，活出真我

當你夠出類拔萃，誰也阻擋不了你，若先懷疑自己，那麼相信命運又有何用？

——凱薩

現代舞的創始人鄧肯，是世界上第一位赤腳站在舞台上表演的藝術家。她突破傳統芭蕾的自由派風格，將舞蹈帶向一個新紀元，也讓自己在舞蹈界留名青史。

鄧肯出生於美國加州，父母在她很小的時候離異，她跟著音樂教師母親過著貧困的日子。從小鄧肯就具有舞蹈的天分與熱情，但沒有受過正規舞蹈教育，因爲她受不了刻板又嚴格的學院作風，在她上了三天的芭蕾舞課後就堅決放棄了芭蕾舞的嚴格教學，轉而以自學的方式探索舞蹈的奧祕。她從繪畫、詩歌、音樂和雕塑等多種藝術形式中獲取靈感，將舞蹈提升到藝術的高度。

鄧肯主張舞蹈應發自人類本能，建立在自然的節奏和律動上。這種獨立於傳統的理念，爲她贏得了國際舞台的青睞。一八九七年，她前往英國和法國，受到歐洲知名詩人、畫家等藝術工作者的推崇，先後在歐洲各地旅行，她在布達佩斯的一場演出引起了轟動，從而使她成爲歐洲著名的舞蹈家。

她的舞蹈藝術激發了當時許多藝術領域的發展，雕塑家爲她創作雕像，畫家爲她繪製畫作，作曲家爲她譜曲，詩人爲她撰寫詩歌，她不僅舞藝風靡歐洲，也在歐洲各地創辦舞蹈學校，培養出不少優秀的舞蹈演員。

她的故事告訴我們，不要受限於現有的框架和規則，要敢於追求內心的熱情，勇於打破束縛，開創屬於自己的舞台。

除了你自己，沒人能限制你的成就。上天給每個人無窮的潛力與同樣的機會，問題在於你敢不敢要，你是否有充足的信心，認爲自己定能成功。

我就是我，要做就做最自在的自己

肯定的力量不是來自於他人，而是自己能否相信自己就是最好的。現代人最缺乏的就是對自我的認識。很多時候，我們眞正想做的事與環境往往是互相衝突的。一般人認爲穩定又可靠的行業，除了科技業之外就是公務員。多數人看準公家機關的工作穩定，從此吃喝不愁，卻沒有考慮到自己的性向，以及是否有更適合發揮自身天賦的行業。你的夢想又在哪裡呢？

我們往往被固有觀念所限制，對於自己的能力和夢想缺乏足夠的了解和信心。因此，一般人的通病是「想得多，做得少」。即使採取行動，也很容易因爲一點挫折而退縮到原點。

古人說：「凡事起頭難。」這表明多數人寧願抱持觀望態度，他們不相信自己能夠做到，更不相信別人也可以。因此，當你有了一個好點子，不僅要克服自己的心理障礙，還必須排除旁人的閒言雜語。若非具有過人的毅力，很難堅持到底。

其實你可以發現，那些成就優異的人，往往都是開創新局，突破現狀，他們做著別人從未做過的事，最後他們的實績改變了人們的固有觀念。

相信自己，方能窺見眞我之光

如果你不先認可自己，沒有人會肯定你。人們往往只會趨炎附勢，若你無法堅持堅強的意識，最後也只能隨波逐流了。相信那些能闖出一片天的人，他們很少輕易受他人影響，而是傾聽自己心底的聲音，那才是最眞實可靠的。

成功者未必是天才，他們的能力跟你我都差不多，但是讓他們出類拔萃的主因，就在於肯定自己的力量，讓他們無所不能。因爲擁有這股力量，無論面對多大的阻礙，都顯得微不足道。唯有了解自己的目標，認清努力的方向，專心一意的堅持在自己的道路上，透過百分之百的付出，自然勝過所有天才的腦袋。

相信以鄧肯的例子來看，她未必是舞跳得最好的，或許應考芭蕾舞蹈團還是無法占得首席的位置，但是她將自己的理想灌注在舞蹈之中，那股熱誠爲她贏得了掌聲跟榮耀。

認爲自己是最棒的，不是一種自戀，而是一種自我肯定和堅持。當我們眞心相信自己，全心投入到我們所熱愛和追求的事業中，我們將會發現內在的力量是無窮無盡的。只要我們心無旁騖，專心努力，我們就能夠戰勝一切困難，實現自己的夢想。

"

肯定自己，你將無所不能。

"

別懷疑自己

與其相信真的，還不如去相信你所要的。

——培根

沒有人能保證你的決定永遠都是最正確的，只有時間能證明一切。並非所有事情都能如你所願，當我們被迫放棄或做出不得不然的選擇時，你必須相信，當時的抉擇一定有它的道理存在。你最好虛心接受，否則應該試著改變，否則將會越加不滿、不甘心，而生活在怨恨之中。

猶豫不決是許多遺憾的造成原因，會讓我們三心二意，難以做出最終的決定，腦中意見紛紜，讓你不斷動搖。我們都希望自己能做出正確的選擇，然而要求越高，壓力反而阻礙了前進的腳步。對於尚未做出決策的計畫，慎重考慮是必要的，但是一旦決定了就不要輕易回頭，以免徒勞無功。

一個孩子問父親：「我應該參加音樂班，還是籃球隊比較好呢？」原來他在學校同時被這兩個校隊選中，但是孩子覺得功課壓力大，他只能選擇其中一項。

這位父親想都不想，希望孩子能朝體育運動發展，因爲他的想法是：男孩子唱歌容易被評爲娘娘腔，前途堪慮，況且家裡的經濟環境不好，也沒能力替他添購樂器什麼的。

但這孩子最終選擇了唱歌，日後還出了唱片，成爲一名當紅的歌手。當記者問到他，當年爲何沒有接受父親的建議？是因爲叛逆的關係嗎？

這位歌手答道：「不，我的父親指出了一個最重要的觀念，他點醒我——別人想要的不一定是你要的。」

當父親告訴他該如何選擇時，這突然喚醒了他的深刻感受。他意識到，如果無法繼續在眾人面前展現美好的歌喉，將來一定會讓他後悔難過，所以他做出了跟父親不同的選擇。因爲父親不是他，只有他最清楚自己的長處，知道在哪裡可以找到快樂。

堅定自己的目標，能爲你帶來美好人生

當一個人身上背負了過多的期待，有時會成爲成功的障礙而非動力。

第三者透過眼中所看到的好處爲你畫下大餅，期望由你實現他們美好想像，這樣的意見對你眞有幫助嗎？換個角度想，如果眞這麼好，爲什麼他們不自己去實行呢？爲何要依賴你來實現？

對於你自己想做的事，雖然可能被狠狠澆盆冷水，在別人眼中或許顯得可笑又荒謬。但許多成功者不也曾經歷過這樣看似荒誕的過程嗎？像牛頓坐在蘋果樹下被蘋果砸了還高興的跳腳，他因此發現了地心引力；富蘭克林將綁著鑰匙的風箏放到暴風雨的天空，發現了電力。這些看似瘋狂又毫無章法的事情，只有當事人才眞正理解其中的意義。

因此你只需通過行動來證明，無需要狡辯，行動是最好的武器，結果就是最好的明證。

因爲大多數人只願意相信成功者，而不願了解那些成功背後的辛苦過程。當這些成功者還是無名小卒時，又有多少人會聽進他們的意見呢？如果你經常被這些似是而非的看法所干擾，那麼你將無法做成任何事情。

或許換個角度來看，群眾往往是盲目的，他們跟隨潮流改變自己的想法，但是他們卻永遠不在潮流中，多半只是個旁觀者。「別人喝湯在旁邊喊燙」，若你也跟隨著別人的聲音搖擺，那麼你將會和他們一樣看不清未來的方向。

每個人都是獨一無二、與眾不同的，如果你想了解眞正的自己，就必須堅持自己的志向。我明白特立獨行並不容易，但它能爲你帶來意想不到的美好人生。

那些別人都說好的未必是好事，你應該有所警惕，因爲那些美好可能已經走到了盡頭，你再傻傻去跟隨，就是去當最後一隻白老鼠。爲了那一點甜頭，你可能因此毀了自己所創造的城堡，那是多麼不值得呀！

堅定自己的目標，一旦決定了就別再懷疑，凡事還是要試了才知道，道聽塗說只會讓你無所適從，在眾多的口水中迷失了自己。村上春樹說：「不必太糾結於當下，也不必太憂慮未來，當你經歷一些事情的時候，眼前的風景已經和從前不一樣了。」相信自己才是眞的，透過內心的渴望，才能找到眞正屬於你的未來。

每個人都有懷疑人生，懷疑自我的時候，就像壞天氣一樣，只是烏雲過境，遮住了太陽而已，但不代表光芒就不存在。我們要做的是等待，以及儲備能量。傾聽自己內心的聲音，而不是別人的口水，只要你不對自己失望，一切就沒那麼糟糕。

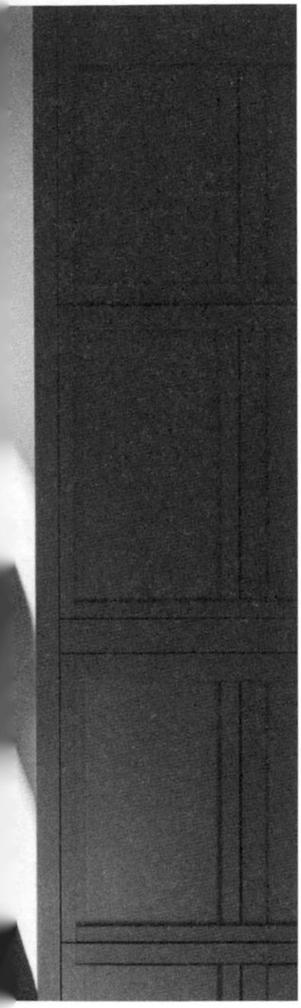

做自己而不是解釋自己，
別陷入自我證明中

CHAPTER 2

找到點燃
力量的火柴

堅持自己的道路

一個人不可能改變世界，世界也不會因你而改變，我們所能做的就是忠於自己，不為難自己、不鑽牛角尖、不要和他人比較。

擁抱生活，追逐夢想，這是每個人心中的共同渴望。

每個人都想擁有更多的空間，並且釋放自己全部的生命張力。想成爲自己的主人，「堅持」是唯一不變的定律。那些輕易放棄的人，往往無法走向成功之路，因爲他們容易被外界的評價影響，無法堅持自己的原則。

每個人心目中都有一個小小的夢想，或許不是什麼宏偉的目標，但它是我們生活的動力和意義所在。然而，很少人眞能如自己所願，過上理想的生活，多半渾渾噩噩度日。

在這個充斥著負面訊息的時代，許多人由於外界的干擾而放棄了追求內心所嚮往的生活，轉而追逐虛幻的美夢，最終除了浪費時光，一無所獲。

堅持走自己選擇的道路看似簡單，但實際行動卻充滿挑戰。在追逐理想的過程中，我們會遇到無數困難和誘惑，甚至會讓我們心灰意冷，懷疑這樣的堅持是否正確。然而，正是這些磨練讓我們更加堅定決心，使我們更加珍惜自己的夢想。

在追尋夢想的道路上，我們可能遭遇無數艱難險阻。但正是這些挑戰形塑了我們的品格，使我們更加堅韌。只有堅持走下去，我們才能實現夢想，活出眞正的自己。

堅持不僅僅是一種信念，更是一種生活態度。只有堅持走自己選擇的道路，我們才能找到眞正屬於自己的幸福與成功。讓我們堅持不懈，勇敢追逐夢想，活出眞正的自己！

想到了就做，行動改變人生

人生在世，人人都渴望喜悅幸福，但多數人的行爲卻往往背道而馳，不時與惡魔打交道，讓貪念蒙蔽雙眼，邪惡侵蝕我們的骨髓。說穿了，這就是人性，腦中的意念在怠惰和積極之間相互拉扯，而邪惡的一方總是占上風。

不平凡的人之所以不平凡，在於他們能有別於一般人持續堅持，無論遭逢多大的困境和變故，他們依然保有初衷，一生奉行不悖。

偉大的發明家愛迪生一生中發明了兩千多種的物品，對人類文明的影響深遠，但他與生俱來的條件卻比一般人還不如。

這位科學家真正受過的學校教育只維持了三個月，原因在於他太愛發問了，這讓學校的老師非常火大，將他視爲問題學生，最後母親只好把他帶回家自行教導。

少年時代的愛迪生得了重聽，這是他在十一歲時成爲火車報童時發生的。一次他趕著跳上一列已經開動的火車，管理員在心急之下拉住他的耳朵將他拖上車，結果造成他的聽力受損。

長大後的愛迪生也曾經是失業一族，原因由於他太愛發明了。

當他在鐵路局擔任晚班的報務員時，按照規定，每晚九點以後報務員應每小時發一次訊號給車務中心，這是爲了避免工作人員偷懶睡覺所設計的任務。聰明的愛迪生悄悄發明了自動定時發報機，使他成爲全局裡最準時、最可靠的發報員。

不過最後，他還是露出了馬腳——在一次查勤中，車務主任發現愛迪生正在打瞌睡，並發現了這座機器。雖然主任很欣賞他的天分，但是鐵路局需要的是一個老實安分的人，而不是一個發明家，所以愛迪生因此被炒魷魚了。

儘管在成長的過程裡遇到不少坎坷，卻沒有阻擋這位發明家持續他的美夢，最後成為世界上最偉大的發明家。不因現實環境的打壓而改變志向，應該就是他成功最主要的原因之一。

沒有誰的成功是一蹴可幾，相信這位偉大的發明家剛開始也不知道能對社會有多少貢獻，然而只要能不斷堅持，慢慢就會摸索出一條屬於自己的道路。這也是愛迪生強調自己靠的不是過人的智力或天分，而是透過充分的努力方能克服一切。

當你感到疲憊時，
記得曾經擁有的夢想，它們會給你力量繼續前行

不管眼前的生活多麼不順遂，都千萬別放棄對夢想的堅持。也許你只是被放錯了位置，這並不代表你永遠沒有成功的希望。

只要持續努力嘗試，終有一天能找到自己適當的位置，得到賞識。大部分的人只會說風涼話或是放馬後炮，但實際的人生必須由你親身體會。唯有努力掙來的東西才完全屬於自己，別人所給予的隨時能收回，依靠他人的評價沒有保障。

別羨慕那些天生的富貴人家，每個人的價值因自己而定，只當米蟲的紈褲子弟內心往往空虛，唯有辛勤踏實的人才是國家乃至社會的寶貝。到那時，你身邊圍繞的將不會是言不由衷的諂媚，而是真心誠意的讚美。

”

我們之所以討厭自己，來自於不夠堅定的性格。

“

別去複製別人的生活

當你不再盲目地羨慕別人，而是專注提升自己，你會發現日子沒有那麼難熬，自己的故事也別樣精彩。

前陣子有位年輕的讀者寫信給我，提到她很喜歡看我寫的小說，希望自己也能成爲作家，而她的母親也非常鼓勵她。不過，她很誠實地說：「可是我寫了一小段就再也寫不下去了。」

我問她現在念的是什麼科系，她回答是「餐飲」。我又問：「你眞的很喜歡寫東西嗎？你有寫日記的習慣嗎？」她卻開始支支吾吾起來。

當然，我很願意鼓勵她繼續寫下去，但又覺得應該點醒她看清問題的關鍵——那就是：你究竟是眞的喜歡書寫，還是純粹羨慕他人能夠寫出那些優秀的作品？如果未來眞的想成爲作家，那麼爲什麼要浪費時間去念餐飲系？

這中間其實是有矛盾的，原因可能是這個讀者很喜歡閱讀，而家長又非常鼓勵她寫作，但其實她卻不確定自己眞正能做什麼。後來我告訴她，我其實非常羨慕她，因爲她有支持她的母親。但羨慕跟現實是兩回事，你不一定要變成你所羨慕的那種人，而是做你自己。

想到我年紀跟她差不多大的時候，我的母親非常反對我們花時間閱讀課外書籍，想看課外書還得偷偷拿手電筒躲在棉被裡。我從國中時開始嘗試寫小說，有次關在房裡寫到半夜，被母親發現了，母親還威脅說：「再繼續躲在房間裡寫東寫西，我就灌水把你的房間淹沒……」

現在回想起來覺得好笑，但當時可是非常辛酸。喜歡閱讀卻得窩在棉被裡偷看，想寫東西還得假裝睡覺，蹲在床上寫到腰痠屁股疼，這可不是什麼愉快的經驗。而支持我再累也要這麼做的原因，無非是從中能獲得精神上的快樂。

而現在，又有多少人能真正體會那種打從心裡感到滿足的快樂？

說真的，那位年輕讀者可以好好往服務業發展，也許她會在那裡得到更好的成就，有更好的生活和收入，然後繼續支持她愛閱讀的興趣，這不是更完美嗎？

好比我現在能在扣除生活費之外有多餘的收入，能去買幾本別人嘔心瀝血的作品。想到作者是熬過了多少難眠的夜、花白了頭髮才完成這一本書，而我只要花區區幾百塊就能獲得，就覺得非常划算。看別人寫的書是如此輕鬆容易，但若要你親自實踐卻是非常艱辛，除非你有足夠的熱情支持。

成爲別人的影子，會快樂嗎？

我們往往容易看到別人的成功之處，卻看不見自己的優點，於是拚命想跟隨他人的腳步，成爲別人的影子，最終你將遺憾於自己所失去的。

我曾經在一家知名的雜誌社工作，由於我對人有興趣，也善於寫跟人有關的報導，於是被分派負責名人專訪，那種一篇可以占據四、五頁以上的篇幅，文章很容易受人注意。那時，雜誌社裡勾心鬥角很嚴重。有位原本只是翻譯部門的同事有一次踩過了線，搶走了原屬於我的報導篇幅。當我知道時並沒有生氣，只是迫不及待地看了一下她所寫的內容。雖然不知道讀者看了之後的感想如何，但那篇報導眞可說是「糟透了！」除了不知所云，文字甚至能用「味同嚼蠟」來形容。

我無意輕視那位同事，但是令我不解的是，在我印象中她是一位難得的編譯高手，爲什麼硬要把自己放在不對的位置上呢？其實我很羨慕她有翻譯的專才，這不是一般人能輕易上手的。但是這位同事卻忽略了自己的長處，只羨慕別人身上的光環，實屬可惜。

這幾年來我仍然經常看到類似的現象。不知道這是國人的通病還是怎樣，儘管在台灣不乏優秀的創意人才，但是想複製他人成就者仍多如過江之鯽。

在一個文學獎發表會上，我看到一位得獎人流著淚，提到他差點放棄寫作去當業務員的「情節」，讓我想起了古又文。這位與我同出版社的作者，在個人簡介上寫著跟我一樣多的出書量（其實我眞正的出書量早已超過那個數字，而且我也不認爲那數字能代表任何意義）……每次看到這些都讓我感到頭皮發麻，眞的有需要模仿到這種地步嗎？

成爲別人的影子有那麼快樂嗎？

每個人的特長和未來該走的路都不一樣，若拋棄自己的優勢而去追求那些不屬於自己的東西，是在浪費自己的潛質。即使你模仿得很像，但那終究不是你的人生，你不會在那裡得到眞正的快樂和滿足。

唯有眞正「像你」的東西才是你的。每個人的天分不同，環境也不一樣，你應該追求更好的，而不是跟在別人的步伐之後。不是每個人都能完成孩童時的夢想，那表示天眞的想像和後天環境的影響還是有很大的差異。擅於修理機器的工人，能從中得到樂趣與尊敬，比一個坐在冷氣房的科技新貴隨時得擔心受到不景氣影響被公司裁員，你覺得誰會比較快活自在呢？

認清你的本分，做你該做的事，走屬於你自己的人生道路，這才是圓滿，才是眞正能通往幸福的途徑。

”

考試時，看到別人提前交卷，就心急如焚，結果考得一場糊塗……職場上，看到別人升職，就方寸大亂，換來一事無成……？不要因為別人的成就，而打亂自己的節奏，從而放棄自己的堅持。

“

何以為師

選擇很重要，你今天的生活狀態正是由於三年前的選擇所決定的，做好當前的選擇吧！

曾經有段時間，新聞上演著補教花系列緋聞，引起我注意的。令我驚訝的不是那些複雜的男女關係，而是那些補習班老師的學歷竟如此之低。這些在正規升學管道中無法取得優異成績的人，竟然能教導學生如何通過考試，這眞是一大奇觀。

這讓我想到教育界的荒謬與可笑。不知道那些爲了孩子花大錢上補習班的家長是怎麼想的？

龐大的升學壓力迷惑了許多家長和學生的眼睛，只求吃下「強效抗生素」，能升上理想的學校就好，其他方面則沒有太多思考餘地。求學時代我們無法決定以誰爲師，但至少步入社會後，你我絕對有能力爲自己尋找值得仿傚的對象。這時，找到合適的老師能幫助你成功，找到不合適的老師則會讓你受苦。

先不談關於國民教育的許多弊端，看看成年後的我們，當我們有能力爲自己選擇一位生活中的導師時，你會做出什麼樣的決定呢？你會從朋友中尋找值得效法的典範，還是跨越生活領域，向有成就的人士學習？

人生的學習是無止盡的，除了應付學校考試之外，踏入社會後我們面對更複雜的人際關係、職場問題和兩性之間的感情問題等。你未必總是能向父母請教睿智的建議，或是他們無法時時在你身邊。這時，你需要在生活中尋找能幫助你的「明師」，可能是同事、上司或好友。

要如何選擇生活中的導師呢？

選擇適合的學習對象對你的人生至關重要。不要以爲知己好友的建議就是最中肯的。能指點你迷津的，有時反而是那些與你接觸不多的陌生人。因爲能成爲「師者」，必須有足夠的智慧和社會經驗，你所需要的是能使你進步的對象，而非只會附和的人。

這就好比你跟對老闆，就能快速飛黃騰達，但若跟錯了老闆，不只得擔心公司隨時會倒閉，還可能斷送自己的前程。然而一般人都只圖方便，習慣從身邊的人學習仿傚，然而眞正經常出現在你周遭的人，大多程度也跟你相去不遠，你能從他們身上汲取到的經驗少之又少。如果只想與這些人混在一起，智慧就不會有多大進步。

有些人可能從學歷高低和財富多寡來決定追隨的對象，但這只是表面。一旦被華麗的表象迷惑，就跟你上補習班沒什麼兩樣，你根本不知道對方葫蘆裡賣的是什麼藥，而眞相往往又令人大失所望。

你只有高度自律，瘋狂前進，才能擁有不斷蛻變的生命

一個人的內涵並不如外表所見，有些名人靠著家世、裙帶關係，甚至可能是投機主義者，他們並沒有深厚的實力，只是以天生的背景或投機取巧勝出，實在沒什麼值得學習的地方，如果你盲目地追隨這樣的對象，大概頂多只能成為「馬屁精」，很難讓你的智慧有所增長。

然而，有些人或許沒有高等的學歷，但他們豐富的社會歷練和對品德的堅持，卻十分值得我們學習。一個人的成就不能光是以財富名利來衡量，而是要探究其內在本質。

我們往往容易陷入金錢的迷失，而搞混了方向，誤以為財富才是人生追求的最大目標，凡事向利益看齊。這樣一來，你可能會跟錯「名師」，最終喪失本性。

一個眞正幸福的人，會讓自己永遠都保持在學習進步的狀態，他們反而不希望成爲老師，而是當名永遠的學生。

當然，若能找到一位博學多聞的師父是件幸運的事，但是當一輩子的學生更是幸福，不管你成就多高，始終不放棄學習的心，生命必然能充滿無盡的能量。因爲學習能讓我們懂得謙卑，能看到別人身上的優點而不是缺點，視野和心胸也更加遼闊，而非閉塞。

與比自己優秀的人學習，本身就是一件非常快樂的事。因爲你能藉由吸收他人的智慧，在不同人身上學到不同的長處，讓別人的生命經驗豐富自己的生命。最可怕的，是那些半桶水卻自以爲師的人，不僅害人匪淺，過度的自信與誇大，也讓人生的進步因此而停滯。

”當一名永遠的學生。“

把注意力放在重要的事情上

改變生活的關鍵在於你對目標的專注力。

每個人都希望自己變得更好，也清楚自己所犯的錯，但是眞能改變自己生活的人少之又少。就像每到新的一年，我們總會爲自己訂定計畫，然而那些計畫總是無疾而終，最終成爲「歷史記憶」。我們常常在不知不覺中繞回原路，發現當下的自己與過去的自己並無差別，未曾進步。

古人言：「江山易改，本性難移」，意思是說人要改變自己，難如登天。儘管古往今來，時光荏苒，但人性其實沒太大改變。翻開過去幾年自己曾經寫下的期許，至今依然沒有實踐，或許可以安慰自己「曾經努力過」，但不管你做了多少，最終的結果還是等於零。

人們總在下意識中不停地重蹈覆轍，一次又一次地回頭，然後又勸自己下一次一定會不一樣。這樣的循環究竟何時才能眞正結束呢？恐怕再高深的程式也算不出來。事實上，要改變自己的生活，其實並沒有想像中那麼簡單。

有位老同學年輕時曾經許下志願，他希望有一天能開公司，並在三十歲時買房、結婚，脫離過往窮困的日子。剛開始的幾年，他的確很努力，下班後還去兼差，假日也不放過任何打零工的機會。

但是十年過去了，一次無意間碰到他，他的生活依然沒有改變。他抱怨越來越高的物價，腳上穿的還是十年前的那雙舊皮鞋。

「這幾年你難道沒有替自己存下買房的錢嗎？」我好奇地問。

「有啊，我訂了個房子。」

「那很好啊！」我說。

「我也開過公司。」

「那麼你的理想不都實現了嗎？」

他的表情黯淡下來。「可是公司倒了，只好賣掉房子解決債務，所以至今還是兩手空空。」這位朋友嘆了口氣說：「我覺得還是認命當個小職員好了，至少比較有保障，每個月可以固定領到薪水，不必煩惱資金周轉的問題。」

聽起來他應該是相當滿意目前的生活了，但我卻仍聽到他嘆氣連連。這當中充滿對生活的無奈，對自身環境無法改變的抑鬱。

這樣的例子在社會上比比皆是。我們只看到那些成功的人，而不成功的卻是數以千萬計。最後你會發現，聽別人說來都很簡單，但要貫徹到底卻是無比艱難。

如果陽光都聚焦到一個點上，
還有什麼不能燃燒？

我們常聽人說：「我嘗試過、努力過，可是……」通常後面接著的都是一些不成功的理由。當失敗累積了更多的埋怨時，我們往往會忘記檢討那些不成功的原因。

人其實是一種十分矛盾的動物，強大的惰性與巨大的潛力在體內共存。沒有壓力時，我們會變得十分懶散，行事拖拖拉拉，得過且過，可在施加一定的壓力後，我們又會潛力大爆發，顯現出不同於常人的地方。

安於平凡不見得是壞事，但是如果你可以變得更好，爲什麼不去實踐呢？如果我們眞的對現狀感到滿意，也就不會雄心勃勃地爲自己設定一些目標和藍圖了。

任誰心裡都有個聲音，希望未來有所不同，期待未來不至於一成不變；但是心裡又有另一個聲音，希望凡事不要改變，害怕踏出一步後必須承擔的未知風險。萬一不成功呢？我是不是會過得比現在更糟？我可能將來會一無所有……

讓我們挫敗的，不是不夠努力，而是缺乏全心全意的投入。

三心二意是成功最大的致命傷，當你想行動時，一旦被許多負面的聲音所牽絆住，難免就會產生怠惰的心理。

「做到這樣就夠好了！」你會受到這種聲音的影響，總是前進兩步、退後三步，永遠成不了事。心理學家曾提到，要改變那些惡習，必須在潛意識裡灌輸正確的觀念，直到你習慣爲止。

如果你希望未來的你跟現在有所不同，就得靠堅強的意志力去克服，或利用像催眠一樣的方式，每天用積極正面的思維去面對生活，每一分每一秒都抱持這樣的心態，讓它成爲一種習慣、成爲你下意識的反應，那麼你就會感覺到改變的力量。

如果陽光都聚焦到一個點上，還有什麼不能燃燒？

羅馬不是一天造成的，我們之所以過著不如意的生活，也是過往行爲慢慢累積而成的結果。

改變不是不可能，而是你必須更專注於矯正自己的缺點，把時間和精力花在你所關注的事情上，而不是亂槍打鳥。專心一致可以幫助你解決生命中的難題，當你滿腦子都在想某件事情時，事情往往就會如你預期的一般發生。

這不是奇蹟，而是因爲你改變了行爲和思考模式所帶來的成果。「心想事成」就是這麼簡單；因爲你集中精神，讓所有的作爲都朝著那個目標前進，當遇到障礙時，你會思考如何排除障礙才能繼續前進。你所做的一切舉動都有一致的目標方向，自然而然，成功將逐漸向你靠攏。

用集中注意力來改變你的生活，排除那些負面思維，從正面積極的思維中慢慢訓練自己。這樣，你將更能掌握命運，避免不幸纏身。

“當你所有心思都擺在一個目標，讓自己毫無退路，那麼就容易成功。”

誠實為上策

恫嚇並不可怕，因為我的誠實替我架起堅強的防線。

——莎士比亞

小時候我們所接觸到的教育都要求我們誠實，但當你慢慢長大進入社會，卻發現誠實的人越來越少了。這是怎麼回事？是小時候的教育出了錯，還是我們的社會出了問題？

其實換個角度看，兩種狀況都有其道理，因爲成人世界的現實往往複雜。我們不能以單純的想法認定擁有好品德就一定能在社會裡吃得開，事情往往還包括了你有沒有足夠的條件讓別人認可。但不可否認的是，誠實的確是良好的品行。在現實的競爭壓力下，每個人都戴著面具，太過誠實的人容易成爲別人算計的對象。爲了保護自己，我們很難坦誠一切，而是因時因地制宜，有所保留，只說「該講的話」最安全。

「說你該說的話」並非是一種謊言，而是順應情勢有所不言，但不是要你違背良心，虛應故事。若不懂得這個道理，你很容易變爲欺騙他人，去巴結討好那些有權勢者，反而使自己喪失本性和自尊。一旦當人過於諂媚他人時，就已迷失自己，成爲他人的附庸了。

唯有誠實面對並接納自己，你才會內心安寧

眞正的成功來自於人內在本質的提升，清楚自己的需求，並透過不斷努力來達成目標。若以說謊來掩飾自己的不當行爲，那將是難以饒恕的罪過。

當人為了生存被迫不得不改變時，總讓人感到壓抑，彷彿自己總是在扮演別人的角色。在這樣的情況下，唯一能紓解鬱悶並使自己感到踏實的，還是來自於真實面對自己的內心。回到自己的世界，卸下面具之後，你是否能看清自己是對是錯呢？你是否還擁抱著理想？

你必須清楚知道自己是一個什麼樣的人，不在妥協中迷失自己，並能誠實面對自己的錯誤。

隨便走在路上一看，幾乎都是人手一台智慧型手機，其中蘋果（Apple）手機必不可少。蘋果公司的聯合創始人史蒂夫・賈伯斯（Steve Jobs）以他的創新精神和對完美的追求而聞名。在他的職業生涯中，賈伯斯曾經被他自己創立的公司解僱。這對他來說是一個重大的打擊，但也是一個反思和重新認識自我的機會。在這段時間裡，賈伯斯創立了NeXT5和Pixar，後來，蘋果電腦收購了NeXT，而他也重返蘋果。「如果我沒被蘋果開除，我確定這一切都不會發生。它像是一帖苦藥，但良藥苦口利於病。」這段經歷使他更加了解自己的強項和不足，並促使他在回歸蘋果後帶領公司走向新的高峰。

真實面對內心，你才能：全世界都說你好話時，你明白自己的缺點在哪裡；當所有人都指責你時，你清楚自己不是別人眼中所見的那樣，並能繼續保有自我的堅持。

誠實面對自己，就不會迷失

每個人都會犯錯，這是難以避免的，但唯有肯修正自己的錯誤，才有可能從中得到成長，讓自己變得更好。一味遮掩自己的錯誤，就是一種墮落，會把你推向不幸的深淵。除了使自己難以讓人信任之外，恐怕還會導致難以立足的後果。

誠實是一種堅持正確行爲的態度，你不會因外界的聲音或眼光而改變你的言行。你懂得追求眞實，而不是欺瞞的假象。

有些人終其一生生活在自己編造的謊言裡，不斷用虛僞來包裝自己，以致最後連自己都不知道眞實的自己是什麼樣子。一旦這樣的謊言被揭穿，他們必須用更大的謊言來圓謊，說服自己，這反而是一種對自己的傷害。

這樣下去的結局是很可悲的，即使有了名聲和財富，卻必須費更大的心機去尋覓更多能被愚弄的對象，以支持自己塑造的假象，但無論如何也塡不滿內心的空洞。

你也許會說，坦白的人最容易被人設計，但這點可以通過學習自我保護來改善。反觀那些虛僞矯飾的人，卻是將自我控制的技巧用錯了方向，造成自己更深的精神折磨，迷失在虛幻世界裡，難以得到眞誠的對待。

誠實就像是一顆珍貴的寶石，它存在於我們的內心，不會因爲外在的環境而改變。它幫助你堅守崗位，不輕易受到惡念的動搖。當你懂得眞誠面對自己，就能修正那些錯誤的言行，讓你不至偏離生活軌道，也能贏得更多眞誠的對待。

善意的謊言與欺瞞有什麼不同？

善意的謊言是：

當別人問到你的年收入時……

當你感覺到隱私被侵犯的時候……

陌生人問起你的年齡或電話、甚至是身分證號碼時……

你有了創新的點子時……

你打算跳槽前……

替那些頹喪的人加油打氣時……

欺瞞是：

僞裝身分以博取他人的好感（或感情）……
推卸責任、讓別人背黑鍋……
爲自己的罪行找理由……
爲了自私而捏造的理由……
背後說人是非……

”

說你該說的話，並不是一種欺瞞，但是當你把假話當真時，就是開始向虛偽靠攏了。

“

適時讓自己沉澱一下

把心靜下來，才能打開內心的窗簾，看見世界的好風光。

——羅曼羅蘭

你多久沒有好好跟自己相處了？又有多久沒有反省自己的生活？

現代人總是忙忙碌碌，被身後的壓力推著往前走。有時走錯了方向卻不自知，因爲肩負太多責任，很少有時間好好沉靜下來思考自己眞正想要的是什麼。

當我們被人群圍繞時，很難做眞正想做的事情。大多數時間必須強迫自己去融入群體，與他人互動，這當然無可厚非。然而，久而久之，難免會產生一股失落感。經常被動地接受他人的要求，連為自己爭取私人空間的自由都沒有，使得我們漸漸變得像機器人一般，習慣性地依循指令重複行動。

心的通透，不是因爲沒有雜念，而在於明白取捨

儘管維繫一個家庭的生計和個人的物質需求，需要付出時間和汗水，但除此之外，難道我們就不能擁有屬於自己的人生嗎？

如果只有在領到薪水那一刻感受到工作的快樂，那麼這樣的生活也太過卑微。除了提供生活必需品外，我們更需要的是精神上的滿足，例如來自工作的成就感、美好的人際關係、發展個人興趣等等。如果你的工作非常乏味，那麼私下的生活應該要豐富多彩，才能彌補你所付出的勞力和時間。

很少人眞正熱愛他們的工作，這種情況有時是無法避免的——就像你無法選擇家人一樣。你可能在一家待遇優渥的公司工作，但同事間勾心鬥角的情況很嚴重，你只能將心中的委屈吞下；又或者你在一家薪水不高的公司，工作呆板無聊，但有許多同事成爲你的好友，公司氣氛融洽——我們無法預知自己將來所處的環境，就像買房子前只能考慮實際的住宅條件，而無法選擇鄰居一樣。

因此，你可能幸運或不幸地被迫與某些人相處，不可能每天看到的人不會影響你的情緒。如果無法選擇離開，就必須學習如何適應，如何將那些不愉快的人或事轉化爲快樂的一面。這需要你冷靜下來思考如何面對這些不愉快的情況。有些人會用自我解嘲的方式來面對，有些人則會用不同的角度來看待。近年來，許多流行的漫畫家都是以這種方式表達作品，這證明了現代人的心態。在苦悶的環境中找到樂趣，否則就得繼續忍受下去。

我曾經在網路上看過一篇小故事。

小徒弟問老禪師：「師傅，我好累，從早到晚忙碌不停，爲什麼就是沒有成就呢？」

老禪師沉思片刻，讓小徒弟拿來一只空碗。老禪師把十幾個核桃放進碗裡，問道：「你還能放更多的核桃進去嗎？」

小徒弟回答說：「滿了，放不下了。」

老禪師又將許多大米倒進核桃的縫隙，填滿整個碗，小徒弟好像有所領悟。老禪師又笑著把一瓢水倒進碗裡，看起來，碗的所有空隙都被填滿了。老禪師問小徒弟：「這次滿了嗎？」小徒弟不敢回答了。沒想到，老禪師又把一把鹽化在水裡，水一點兒都沒溢出去。

人的一生，就像那只空碗，若先被許多小事填滿，就無暇顧及大事了。偶爾讓自己冷靜下來，你才能以更清晰的思維來解決生活中的問題。只有獨自一人時才能在不受打擾的情況下爲自己找到明確的答案；是繼續忍受下去，還是爲理想尋找新的出路，這一切決定都在你自己身上，你永遠無法在他人身上找到更好的答案。

> **只有在獨自一人的時候，你才會聽到心底最真實的聲音。**

與寂寞相伴，而不是被寂寞打敗

寂寞是一種力量。經得起寂寞，就能獲得自由；耐不住寂寞，可能會受人牽制。

金牌編劇杜政哲以網路上瘋傳的「國際孤獨等級表」爲靈感，編導了一個屬於現代人的愛情故事──《若是一個人》。

劇中女主角方佳瑩和她交往三年的男友楊大和分手了。佳瑩藉工作麻痺自己，開始逐漸習慣孤獨，在一場以出差爲名的療傷之旅中，她邂逅了堅信「這世界每個人都是孤獨的」的男主角丁志明。隨著劇情發展，我們可以看到劇中兩人都在歷經一些事件後，重新審視自己的生活理念，並重新定義孤獨的樣貌，領悟到「和你的心好好相處，它會帶你到最好的地方。」

最近常聽到有些人失了業、離了婚或是跟戀人分手了，這些事件使他們失去依靠，開始終日渾渾噩噩、茫茫然不知所措，那些焦慮、憂鬱症的情況都因而產生。

當你習慣一樣東西常在身旁，然而卻突然消失，難免讓人感到生活上缺了一塊，頓失所依。這時人們常不斷放大那片空白，回憶曾經擁有的種種美好，這種空虛感短時間難以填補，磨損了對生活的信心。

尤其現代人高度依賴工作，幾乎所有心思都放在事業上，似乎為工作而活，因此一旦失去工作，就好像整個世界都塌了一般。然而，這正是重新檢視自己與世界關係的好時機。面對寂寞而無法自處，顯示出我們的自我獨立性不足，過度依賴外在事物。一旦這些事物消失，便覺得自己落入一無所有的境地。

外在的變化是無法控制的，不管身邊的人事物來來去去，你依然是原來的你，並不會有任何改變。每個人出生都是獨自來到世上，所以孤獨本身並不可怕，可怕的是不知道如何處理這種狀態。

我們來到世上是爲了經歷一切美好、學習成長，這段期間或許會遇到貼心的知己、深愛的伴侶、帶來成就感的事業，然而這些都是因爲我們而存在的，如果連「自己本身」都不存在的話，還會產生那些連結嗎？

答案當然是否定的。

然而，面對生活中的起起伏伏，我們爲什麼難以放下？無法用豁達的心態面對，渴望過去的美好能永恆存在，但一旦消失，便如同墜入地獄般痛苦。

人世間的外在的變化並非我們所能控制，意外也常常在生命中發生；像是開車上路，明明你沒有違規，但是硬是被人追撞……原本喜愛的工作卻因老闆經營不善而使公司倒閉等等，那是我們無法掌握的部分，我們也無法限制他人因任何因素而離開。我們唯一能做的，就是：學習自處。

至少你能了解自己，知道自己怎樣的一個人，你可以選擇過什麼樣的生活，擁有工作以外的嗜好，發掘自己人生的另一面。

耐得住寂寞孤獨，才能經得起繁華

爲什麼你會感到孤獨？爲什麼擁有愛，反而讓你更孤獨？

孤獨來自長期忽略了和他人建立關係的孤寂、來自被社會遺棄的孤單、來自被人排擠的寂寞、來自內心深處的莫名空虛，更有可能是來自童年時期受到傷害後，長期內化的恐懼和不安。掙脫孤獨的方法，就是要勇敢承認你的孤獨，接納你的孤獨。

有位西方哲學家曾說：「人生寂寞是一種力量。經得起寂寞，就能獲得自由；耐不住寂寞，可能會受人牽制。」

因爲害怕寂寞，可能迫使你強迫自己接受那些你所不喜歡的人事物，當別人拍手叫好時，不管自己認不認同，也得跟著鼓掌，因爲你害怕被其他人排斥。

當你因對方的熱情而感動時，卻發現這個刻意接近你的人實際上是詐騙集團；或者遇到對你百般呵護、照顧周到，以爲是理想的另一半，然後在接受後才發現彼此個性差異太大，無法長久相處……這些情況可能是因爲害怕孤獨而做出的選擇，而非眞正適合你的人。

我近日聽聞過往友人的消息，有位活潑漂亮的女性朋友結婚了。令人跌破眼鏡的是，這位女生婚嫁的對象竟是個臉上坑坑疤疤、醜不拉機的男生，除了外表不體面外，最重要的是他個性非常沉悶古怪，唯一的優點是他有個富裕的家庭。

據我所知，這個女孩已經在海外飄盪了好一段時日，不知道什麼原因使她不願回到自己國家，最後選擇了這個結局。但我想唯一可以確定的是，這樣的人生劇本跟寂寞脫不了關係。有不少旅居海外的遊人，都因爲寂寞而在異地尋找心靈寄託，但最終都被不愉快的兩性關係纏身，卻又因爲害怕孤寂而難以放下。

問她們爲何會做出這樣的選擇，百分之九十的回答都是：「因爲害怕寂寞。」

不管身處何地，我們都可能陷於被不喜歡的人事物所包圍，如果不懂得給自己留點空間，可能就會隨波逐流，漸漸失去了自我，而變成你所不認識的自己。

人是需要獨處的，唯有一個人的時候，你才能正視自己、瞭解自己，進而知道自己的需求在哪裡。

在不被干擾的單人世界裡，你大可做回自己，你可以整天發呆、或是做自己有興趣的事，沒有人打斷，也不會有人強迫你得做些什麼，這不是很快樂嗎？如果你能學會跟寂寞相處，就能發現一個人也有很多樂趣；一種不需要依附外來肯定，憑藉自己的喜怒生存的單純喜悅。

”

獨處使你認清自己。在寂寞來襲時，只有保持清醒與覺知，勇敢睜開內在的眼睛，觀照它的虛幻不實，看清它內在的真面目，從源頭將寂寞解構，才能遠離苦惱與孤寂，自在無礙。

“

不輕易隨雞起舞

人生最大的失敗，就是凡事毫無自覺。

——英國思想家克萊爾

習慣聽從別人意見的人，基本上對自己缺乏信心，因此容易掉入陷阱，成爲別人利用的工具。

然而那些遭人操控的人一定很不以爲然，他們會用另一套說詞來爲自己開脫：「我這是合群。」但這又是另一種迷思，因爲合不合群在於你處於什麼樣的環境；如果周遭是充滿良善、歡樂的氣氛，當然這種合群非常「有益身心」，反之，則不是那麼回事。可見「合群」是一回事，「盲從」又是另一套故事。

在未經思量就盲目跟隨他人的行徑，就是一種「盲從」。這是未經思考就衝動行事，最常見的情況就是在政客的演講會上，大家一同起立鼓掌，他們往往連自己是否眞的贊同都還沒定見；或是在遊行中發生的暴力事件，只要有一個人拿起石塊扔擲，其他人也很快效仿。這是一種煽動下的激情，跟「合不合群」一點關係也沒有。

這些盲目跟從他人的行徑，說穿了也是一種依賴的心態；希望依附在大眾的行爲下，不讓自己孤立，卻忘了自己內心眞正的聲音。請試想，在很多時候，我們不也是如此失去主見嗎？

曾經在公司裡有位主管，她的工作能力不錯，也算是個好人，爲什麼我會這麼說，主要是因爲她錯誤的決策全來自被屬下牽著鼻子走。

那些有心機的員工，聯手想整走一名有能力、看起來有機會晉升的同事。而這位主管卻犯了「隨雞起舞」的毛病。她認爲既然好幾個下屬都對那名員工有成見，所謂「無風不起浪」，可見一定是那名員工有問題。因爲她在個別面談時，發現那名有實力的員工開口都是說：「我覺得……」，而有心機的員工卻是說：「我們覺得……」

最後她依此標準想「平息」眾怒，請那名有能力的員工離職。她以爲這麼做之後，她的領導就能更加得心應手，卻沒想到，下一團火卻是燒到了自己。

失去得力助手的這位主管，時隔多日才發現，她的幾個下屬竟然聯合起來扯她後腿。原來，其中一位帶頭的部屬，最終的目的是要「篡位」，問題的重點根本不在誰是誰非。而那位被她請走的員工其實沒犯什麼大錯，只錯在「人紅遭忌」。當她驚醒過來，卻已經無力回天，最後只得黯然離職。

保持理智，減少期待，強化鈍感力，戒掉敏感

愛默生說：「思想是行動的種子。」你怎麼想決定你怎麼做，最可怕的失敗就是你根本毫無思緒便做了某件事。無論別人怎麼說，周遭的人又如何想，這些都不重要；重要的是你是否經過深思熟慮後才做出決定。

面對每件事情都應冷靜思考，可能事情並不如表面看起來那樣。也許群眾都錯了，而唯有你正確？這時選擇保持沉默也未嘗不可！事實總會大白於天下，不必因一時衝動而造成難以彌補的後果。

我們的心胸可以寬大，卻不能失去原則，這是你處於混沌不明的狀況下唯一能導引你的明燈。唯有堅定自己的信念，時時不忘分析過濾，這樣才能讓你避開那些失敗的陷阱。

”

別讓你的情緒蒙蔽了理智。

“

CHAPTER 3

拿回
發球權

在生活中來場冒險

弱者坐待時機，強者製造時機。

——居禮夫人

你是否每天重複著麻木的工作？是否因爲現狀尚能忍受，所以總是說服自己這樣也不錯？

如果你不想與他人一樣，試圖脫離平庸的生活，你必須大膽地跨出第一步，爲你的將來冒點風險。這可能是轉機，也可能會失敗，但如果不去嘗試，你將永遠無法改變現狀。

打破一成不變的束縛，重拾生命的活力

有時候，生活的步調像是一首單調的歌，每天都在不斷重複，彷彿時間停滯了一般。當我們意識到不知道明天和今天有什麼不同，昨天和今天也差不多時，其實這就是一個警訊，提醒我們需要改變，去尋找新的激情與動力。

追求安穩舒適的生活固然重要，但過於安逸容易讓我們怠惰，消磨我們的志氣，失去對生活的熱情與期待。

每天的生活一成不變，會慢慢形成一種常態，讓我們習慣自己的行爲模式，而失去了對生命的動力。不管好壞都不再爲未來打算，只是機械式地度過每一天，直到生命的盡頭。如果不及時改變，我們的生命就會像間廢棄的倉庫，堆滿那些雜亂無用的東西，最後連挪動的空間都沒有了。

願歲月在你人生中累積的不只是家裡的灰塵與臉上的皺紋。

一成不變的安穩生活並不代表幸福，反而可能讓我們在不知不覺中走向衰退。我們的人生應該因挑戰與冒險而多采多姿，而不是被困在舒適圈中，失去了前進的勇氣。

每個人尋找生命活力的方式各不相同。有些人喜歡旅行、登山或冒險運動，透過挑戰自己的極限追尋自我，激發生命潛能，讓自己重新找回生命的活力與熱情。也有一些人希望透過開創事業、追求財富來實現自己的價值，這也是一種尋找生活意義的方式。

無論我們選擇哪種方式，重要的是要勇於接受改變，挑戰自己，讓生活充滿新的可能性。唯有如此，我們才能眞正活出自己，擁抱生命的每一個美好瞬間。

大部分人缺的不是機遇，而是抓住機會的行動

台灣麥當勞在二〇二一年推出首部迷你劇集《McCafé：從喝杯咖啡開始》，以類戲劇手法拍攝全新廣告影片，其中一支廣告的內容是：

在上班的路途中，女主角走進麥當勞McCafé點了一杯中杯熱那鐵，結帳時卻發現忘記帶錢包，後面的男主角貼心地幫忙一起付掉兩杯咖啡錢，女主角堅持要還錢，甚至還說：「我媽說不可以讓陌生人請。」之後兩人聊起彼此原來在同一棟大樓上班，也知道彼此在哪一層樓工作，並約好了明天同一時間、同一地點再見面，讓女生回請咖啡，也當作「給媽媽的一個說法」。

現代人習慣性地被動等待機會，提不起勇氣跨出舒適圈，甚至是對在意的人表示感情，以至於錯過一次又一次的可能。但在廣告的最後，揭露了男女主角邂逅的開始，原來女主角對男主角早已關注，算準在差不多的時間來

到麥當勞McCafé，結帳時假裝忘了帶錢，主動製造了與男主角互動的機會。

每個人的生命旅程充滿了各種挑戰與機遇，而我們的成長與收獲往往取決於我們是否能勇於嘗試，去追尋生命中的奇蹟。

改變並不容易，需要勇氣和堅持。但只有當我們相信自己的潛能，勇於挑戰現狀，才能眞正成爲自己的主宰。不管你的成就感來自何方，面對挑戰都值得嘗試。每一次的嘗試都能豐富生命，累積人生經驗；即便失敗了，也是一種寶貴的學習，爲下一次的挑戰做好準備。

不要總是等待那個完美的時機，
因爲那可能永遠不會到來

生命中的奇蹟不會在等待中降臨，而是要主動出擊。那些機會總藏在不斷嘗試的過程中，需要你細心主動發現。

我曾聽聞一個深具啓發意義的故事。

有兩個從小到大同窗的同學好友，巧合的是，他們還是同一所大學畢業。進入社會後他們順利找到工作；不過工作了一段時日，難免抱怨起自己目前的工作，覺得前途茫茫，對未來發展前景感到憂心。

A同學這時突發奇想，提起自己有個親戚在中南美洲開工廠，他想試著到那邊闖天下，對B同學提出了熱情邀約。但這位老友卻潑了他冷水說道：

「連在國內工作都做不好了，出去又能有多好？更何況人生地不熟的，我聽過太多失敗的例子，我還是待在國內比較保險。」

不管A同學怎麼勸，他都無法動搖他的決定，A同學只好獨自成行。

幾年後，這兩位許久不見的老同學又碰面了，B同學還是跟以前沒什麼兩樣，依然牢騷滿腹，但是A同學卻是神采奕奕，侃侃而談他的豐富經歷，對未來充滿希望。

爲什麼會有如此大的差異？癥結不在於兩人生長的環境或背景不同，而是勇於嘗試爲人帶來了豐富的閱歷。勇於嘗試是一種精神，是一種開創的勇氣。只有敢於冒險，才能看到機會的門敞開，所有的機會也將源源不絕而生。猶如在生命中不斷注入活水，你看到的是希望，而不是絕望。

雖然未來無法預測，你我得面臨各種挑戰，但這當中也充滿了無限的機會。探索那些未知，才能激發你的潛能，帶給你更多生命的能量。過去你不知道自己能做到什麼程度，只要跨出那一步，你將驚訝地發現，其實只要勇於嘗試，就能達到無可限量的成就。

儘管對每個人來說，成功與失敗的定義各不相同，但走在自己的人生路上，就算面對失敗，也將有所成長。在不斷前進的人生旅途中，只有透過各式各樣的成敗體驗才能拓寬自己的視野，讓自己的眼光不再囿於一木，而能見到整片森林。

唯有親身嘗試各種可能性，在不斷挑戰的過程中堅持，才能獲得最適合自己的人生進階。不要害怕冒風險，背後所獲得的才是你最大的收穫。不妨從思維與環境開始改變，你會發現，作出新嘗試並沒有想像中那麼困難，你將因勇氣而挖掘出更多生命的寶藏。

”不要害怕改變，不管成功或失敗，你都能得到更豐富的人生智慧。“

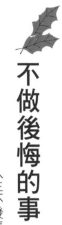

不做後悔的事

人生不發售來回票，一旦啟程，便無法回頭。

——羅曼羅蘭

第二次世界大戰期間，「阿拉曼戰役」是扭轉北非戰場的重要關鍵之一，這場戰役也讓同盟國有了乘勝追擊的機會，但被譽爲「沙漠之狐」的隆美爾將軍，卻在這場戰役中留下了慘痛的失敗回憶。

某個晚上，隆美爾打算揮軍往南偷偷轉移陣地之際，刻意留下了一些僞裝的坦克和卡車，以迷惑英軍的偵察。但他犯了兩個錯誤。首先，爲了得到空軍的支持，他用無線電將計畫通知了德國空軍；其次，爲了從義大利得到大量補給，他將這項計畫通知了羅馬和柏林。沒想到，英國情報單位竟然破解了隆美爾的電報。

同盟國掌握情資後，英軍司令蒙哥馬利絞盡腦汁，安排了一連串精心設計的圈套，讓隆美爾拿到一張假地圖，使其對戰地拉吉爾地區做出錯誤判斷。

當德軍與英國裝甲部隊展開激烈交火時，隆美爾驚訝地發現，原來預測的英軍僅有一個裝甲師竟變成了三個，而且地圖上的「硬地」竟成了沙漠。他的幾百輛坦克、裝甲車和卡車被困在沙漠中無法前進，傷亡報告不斷送到他手上，連他自己也差點被彈片擊中。毫無退路之下，隆美爾終於承認了自己的失敗，這場戰役就此結束，而蒙哥馬利則輕鬆展開了反攻。

在歷史上知名的戰役中，我們能輕易從中找出成功與失敗的教訓。即使是名噪一時的大將軍，也會因小小的疏失而敗北。就像這場戰役中，如果這位德國名將能事先考慮得更加周詳，或許整個歷史就會被改寫，而他的命運也將大大不同。

或許我們無法偉大到改變世界歷史，但我們絕對有能力改寫自己的歷史。這個出發點就是：別做讓自己後悔的事。

一時的輕率決定，後果將由明天的自己承擔

起初的錯誤可能微不足道，但若忽視不顧，往往會逐漸累積成無法收拾的後果。美國著名的開國元勛富蘭克林曾說過：「疏忽比缺乏知識更可怕。」最可怕的不是錯誤本身，而是人們對它的漠視。以爲時間能解決一切，以爲迴避能夠讓事情得到平撫，但事實往往不然。問題不會自然消失，最後的結果還是得自己承擔。我們應該學會正視自己的過失，才能眞正成長。

想想我們過去曾做過多少令自己懊悔的事。如果可以的話，誰不希望能一切重來？然而，時光只能不斷向前，而過往的選擇，都會留下痕跡，讓未

來的我們親自承擔後果。我們必須明白，每個當下的決定都在塑造我們的未來，因此更不能輕忽眼前的抉擇。

以多部電影爲例，如果人有機會回到過去，你會做何選擇？能彌補些什麼？在《扭轉奇蹟》中，股票經紀人被帶回過去後，並沒有選擇離家奮鬥，而是跟大學同學結婚，一輩子待在他不喜歡的公司，並在捉襟見肘的生活裡掙扎。男主角布魯斯·威利看到童年的自己夢想中的生活，卻與現實有極大的出入。雖然電影裡描述的是人對純眞世界的渴望，但反過來看，那些主角們眞實的人生不也正是許多人夢寐以求的嗎？

成功者往往鳳毛麟角，在你還未達成功境地前，很難滿足於現有的生活。要說不渴望那樣的人生，那就是自欺欺人。希望自己的生活圓滿幸福，即使未必眞能功成名就，但至少能得到更多的祝福和愛，也是一種成就。你的行爲正在決定一切。

在做任何事，尤其是重大決定之前，你應該關注的重點不應該侷限於可以從中獲得多少，而是應該聚焦於自己會不會因此而後悔。積極正面地面對問題，才能做出穩健的決定。

每個人的人生都是由無數個當下組合而成，因此每一個決定都值得我們深思。正視過去的錯誤，積極地面對當下的挑戰，才能擁有一個更加圓滿幸福的未來。

”

人生沒有太多讓你回頭的機會，因此只有在踏出每一步時提醒自己：謹慎為要。

“

站在最有利的位置上

你的焦點在哪裡，你的能量就在哪裡，你的結果就在哪裡。你的影響力有多大，能自主的空間就有多大。

爲自己打造優越的基礎，是學習獨立自主的第一步。這個基礎可能是財富、地位或權力，因爲只有當你擁有這些優勢時，才能在生活的舞台上穩住腳步。

舉個最簡單的例子，如果你在經濟上必須仰賴他人，那麼談論獨立也只不過是空談。想要擺脫不幸的命運，首先就必須具備自立的基礎，才能按照計畫前進。如果連最基本的生活都無法獨立維持，那麼談論自我實現就顯得太過天眞。

最近我在新聞中看到一則離婚夫妻爲了孩子監護權打官司的新聞。法官的判決往往會受到當事人經濟狀況的影響，這顯示出，雖然物質不是生活的重點，但缺乏經濟基礎會使人處於弱勢地位。金錢雖然是個敏感的話題，但這就是現實。即使你的經濟狀況不佳，但若能獲得親友的強大支持，聯合起來的力量也能爲你爭取權益。

你可能並非一無所有，但堅決不向他人求助並不能改變現實。有骨氣固然值得尊敬，但現實是殘酷的。我們無法對經濟條件視而不見，因爲這將左右你的影響力。

儘管我們經常被鼓勵要「做自己」，但眞正能隨心所欲的人又有多少？看看周圍的環境！你敢對上司說：「我就是看你不順眼！」敢對老闆說：「你到底有沒有腦袋！」嗎？即使心裡覺得確實如此，你還是只能默默忍受，因爲你沒有足夠的力量。你的薪水和升遷機會都掌握在他們手中，如果得罪他們，生活將無以爲繼。

所以，當你身處在討厭的人或環境下，卻無法輕易擺脫時，這只是說明現在的你缺乏足夠的能力，你只能繼續委屈自己，忍受不想聽的話，做不情願做的事。

如果你希望能擁有決定權，那麼在此之前，你不得不先忍受一份不太喜歡的工作，努力存錢，學習創業技能，在不喜歡的環境中探索冒險的可能性，爲自己想做的事情積累能量。

因爲你手中籌碼的多寡，決定了你的自由度。在此之前，你沒有太多抗爭的權利。唯一能改變你現狀的，就是那顆向上的心。當你把「重獲自由」當成目標，並爲之努力時，那一天才有可能到來。

權勢是掌握自主權的關鍵

曾經，我有位能力非常出色的同事，他在自己的工作崗位上表現卓越，獲得了老闆的高度評價。某天，一向支持他的頂頭上司離職了，公司打算提升他爲主管。然而，這位同事卻堅持表示他喜歡當下的職務，因爲這份工作能夠充分展現他的創意與才華，且他對管理職毫無興趣。於是，這個主管職缺最終被一名「空降部隊」塡補了。

新來的主管帶來了自己的人馬，但職位有限，於是他開始對這位同事施加各種刁難，甚至捏造許多不實的謠言。最終，連原本對他印象良好的老闆也動搖了，而這位同事在毫無預警的情況下被迫離職。

雖然同事們都同情他，堅信他是無辜的，但誰又敢爲他挺身而出呢？因爲人事決定權在上司手中，而不是在底下的員工手中。這樣的結局清楚地揭示出，由於缺乏權勢，他處於不利地位，儘管表現再出色也無濟於事。

這樣的例子讓人深思：誰擁有絕對優勢，誰就能掌握主導權。雖然你未必需要利用優勢來爭權奪利，但這股力量能夠讓你更加自主。當你處於有利位置時，你的聲音更容易被聽見，最重要的是還能獲得更多支持，讓你有更大的自由空間做自己。

因此，當你渴望擁有更多的自主權時，不要忘記審視自己的實力，努力補強你所欠缺的條件吧！

”你的自主性越高，表示你的影響力越大。“

勇氣讓你通行無阻

為了保有幸福，面對厄運之際更需要極大的勇氣。

——羅斯福格，法國作家

命運必須靠自己開創，任何由他人安排的都不算是你的成果。你必須清楚地知道自己想要什麼，並且擁有迎接挑戰的勇氣，才能達到最終的夢想，過上你眞正想要的生活。

勇於挑戰的人生，最美！

記得小時候，每當遇到困難時，媽媽就會和我說：「別怕，勇敢一點，你一定能行。」那時候的我，雖然還不太懂，但那份勇氣卻在我心裡悄悄生根發芽。長大後，我明白了，勇敢並不是沒有恐懼，而是在面對恐懼時不是想著退縮，應該敢於面對，敢於挑戰。

在二次世界大戰中，美國著名的巴頓將軍在許多戰役中屢見奇功，這位令人崇拜的英雄偶像早年時期卻不被看好。他患有閱讀障礙，學校功課總是很不理想，還曾經被學校留級，但是他卻未因此而打退堂鼓。

由於巴頓家族成員都是軍人，也都畢業於維吉尼亞軍事學院，因此他認定自己也該承續祖先的風範，以成爲傑出的軍人爲目標。憑藉著頑強的意志和刻苦勤學，他成功進入了維吉尼亞軍事學院。

剛入學時，巴頓很清楚自己心裡的膽怯。爲了訓練自己的膽識與魄力，在一次射擊訓練時，他毛遂自薦當報靶員。射擊到一半，他突然跳出壕溝，面對射擊員，一發發槍彈從他的身邊擦過，把教官和學員都嚇傻了，但巴頓卻從容地走向他們，臉上帶著笑容說道：

「我想試試看自己的膽量到底有多大。」

通過了膽識的考驗，增強了他的信心，也造就了這位戰場上的明日之星。

所有冒險的行為都需要勇氣支撐，雖然巴頓將軍的舉動看似危險，卻是在他能掌控的範圍之內，這與魯莽可是有很大差距。

人生就像一場旅程，常常充滿挑戰和不確定性。然而，正是這些挑戰形塑了我們的性格，使我們成為更堅強、更勇敢的人。當我們勇敢地面對挑戰，並從中學習成長時，我們才能真正體驗到生命的美好價值。

所以，無論我們面對什麼困難和挑戰，都不要退縮，不要放棄；相信自己的能力，勇敢面對，我們一定能夠克服一切困難，實現自己的夢想。就像巴頓將軍一樣，讓我們勇敢地迎向人生的每一個挑戰，活出真我，創造屬於自己的精彩人生。

沒有攀不過的牆

改變自己並不容易，但在堅持不懈的努力下，我們將會收穫快樂與成就！每一個成就都需要付出艱辛的努力。儘管心中的目標理想常與現實的自我相抵觸，這反映了我們對命運的不滿，促使我們不斷超越自我。實現這樣的目標並非易事，需要我們直面內心的弱點並願意解決它們。正是通過這樣的努力，我們才能找到自我，實現突破並獲得成長。

生活中充滿各種壓力，比如成績、學校、工作、婚姻，甚至名牌、名車、住房……但一味地比較只會讓我們隨波逐流。作爲獨一無二的自己，我們無需與他人競爭，也無需爲了追求別人的認可而失去自我。人生的意義不在於與他人比較，而在於發現和發揮自己的潛能。

了解自己的優點和劣勢是實現個人成長的關鍵。每個人都有自己的脆弱和不足，問題在於你是否願意勇敢面對並積極改進，這些缺點才有可能轉化爲優點，才能發掘自己的內在潛力。我們不應因自身的弱點而自卑，而應將其視爲成長的契機，將阻礙轉化爲助力，實現自我超越。

沒有人能幫助我們塑造性格，這是一段孤獨的旅程。雖然有時我們可能感到恐懼和不安，不願去觸及心底最脆弱的部分，但正是通過直面自己的弱點，我們才能眞正成長。

所有變化，由此開始

改變總是要冒點風險。在踏出改變的第一步之前，我們需要勇氣來克服心理上的障礙。這可能涉及改變你長期以來習慣的態度和行爲，一時之間的變化往往讓你感到困惑，甚至容易半途而廢，重新回到舊有的軌道上。

改變個性需要果斷的勇氣，就像你想要在高空飛翔一樣，首先必須放下緊握的欄杆。沒有人生來就毫無恐懼，每個人對恐懼的反應各不相同。有些人可以接受任何刺激和危險的活動，卻害怕注射針頭；有些人享受高速行駛的快感，卻害怕家裡的蟑螂。每個人都有自己的軟肋，爲了不讓恐懼掌控自己，許多人願意冒險來改變自己的性格。這種勇於挑戰的精神能夠幫助我們積極應對未來的困境。

幸福需要我們去開創，只有具備勇氣和膽識的人，才有資格擁抱屬於自己的人生。唯有勇氣能讓我們堅持幸福，克服重重難關。

性格上的缺陷往往最容易讓人避而不談，這是許多人不願承認的事實。我們常常在改變與維持現狀之間猶豫不決，這樣做使我們失去許多成功的機會，離理想生活也越來越遠。問題並不在於機會的存在與否，而在於我們是否因儒弱而退縮。要知道，幸福不是等人施捨的，而是需要我們積極爭取的。仔細研究那些取得成功的人，你會發現他們不是生來就擁有一切，而是通過超凡的勇氣和堅持實現今天所看到的成就。

任何形式的勇氣都值得讚揚。從小事情的改變可以逐步轉化成性格的一部分，這是克服心理障礙，爲自己開創全新人生道路的必要步驟。隨時提醒自己，克服內心的脆弱，你就能建立起自己夢想中的堡壘。

”

改變需要勇氣，幸福更需要絕對的勇氣來維護。

“

做更好的選擇

怎樣思想，就有怎樣的生活。

——愛默生

在人生旅途上，我們會經歷無數大大小小的選擇，這些選擇決定了你我的成敗，也可能從此改變我們的一生。

有時，我們明明知道哪條路對自己是最好的選擇，但卻陰錯陽差地踏上了相反方向，造成生活的混亂。這樣的狀況似乎經常發生在我們的生命中，讓人不禁感到困惑。

究竟是什麼導致了這樣的矛盾？追究原因，往往是因爲我們在不經思索的情況下妄下定論，才會遭受這麼多折磨。

衝動行事是非常危險的行爲，全然不經大腦，全憑感覺和一時的情緒做決定，最容易被有心人操弄利用。就像我們途經商場，容易因圍觀的群眾或是鑼鼓喧天的吶喊而忍不住駐足；當你逛夜市時，會選擇最多人排隊的小吃攤……人們都有一種自然從眾的傾向，好像人越多的地方，那裡肯定會有最美好的事物出現。但是事實呢？未必如此。若太容易被情緒和感受牽著鼻子走，缺少理智分析，才是造成決策失誤連連的主因。

擺脫爲難自己的習慣

除了「感覺」之外，「習慣」也是造成不幸的原因之一。壞習慣是一種可怕的「病態」，那麼壞習慣從何而來？有時是家庭環境的影響，有時則是自己漠視那些不良行爲，日積月累讓我們像是籠子裡的土撥鼠一樣，日復一日，習於在轉輪上疲於奔命。最初，這樣的行爲可能並非出自你的決定，而只是任由環境影響你。你默默承受，到後來痛苦也就成了生活的一部分。這就像是一些家暴事件不斷重演，但受虐者卻始終離不開施暴者。無論別人如何好言相勸，甚至伸出援手，都無法改變現況，這是因爲當事人已經把「受虐」視爲日常，把不幸當成了生命中不可脫離的一環。

人之所以能擁有幸福，在於每個人都有說「不」的權利。在事情未發生之前，我們都有權選擇讓事情變得「更好」或是「更壞」。生命的方向不是由於命運的擺弄，而是來自於你我的決定。我們可以制止悲劇的發生，也能讓自己一直糊塗下去。

想做出更好的選擇，就必須改變自己的觀念，以積極樂觀的態度去面對生活，審愼決定每一件能使自己快樂成功的選擇，而不是消極地以「擲骰子」聽天由命。

以下是針對審慎選擇的判斷建議：

1. 別選他人告知的意見

別人給你的意見只是從他們的觀點出發，或許他們會考慮到你的狀況，但畢竟他人不是你，他們夠了解你嗎？你又能辨別他人多少心思呢？更可怕的是，有些人希望你做的事情，出發點並不是爲了你，而是爲了符合他們自身的利益，對你卻沒有任何好處。

如果你希望自己過得更好，在下決定前先好好爲自己分析思考吧！

2. 前瞻性的眼光

做人不要太短視。如果你能往前多看幾步，就不會做出錯誤的判斷。因爲考慮得長遠而周全，可以讓你脫離情緒的影響，使思緒更加周密，甚至有助於制定計畫。由於事情的影響深遠，這也會讓你懂得更加審慎。

3.利多不是最好，對你最有利才是上選

有錢人不快樂嗎？這倒未必，但有些人有錢後確實並不快樂，因爲心靈空虛對他們而言，比什麼都還嚴重。因此，了解自己非常重要。別人覺得快樂的事，放在自己身上未必能得到同樣的感受。

例如，我曾有一位同事，被一家公司以高薪挖角。由於該公司規模不小、地段佳、辦公室裝潢華麗，因此同事毫不考慮地跳槽到那家公司。然而進去之後，他卻發現裡面勾心鬥角、規定繁瑣嚴苛，還有同事屢屢剽竊他的心血當成自己的成果招搖，令他苦不堪言。最後，他還是選擇回到原來的小公司，那個能尊重他的創意，讓他如魚得水發揮的地方。經過了一段時日後，原公司老闆還協助他自立門戶，讓他成爲自己公司的老闆。

很多事並不如外表所見的那樣風光。人人都說好的東西，也未必適合你。因此，找到自己的屬性、了解自己，才能做出明確的抉擇。

生活就是一座天秤，想平衡就得權衡得失，若喜歡奢侈多一點，就要付出多一點，如果喜歡簡樸一些就要甘於平淡。

隨時保持冷靜

寧為理智的奴隸，不為感情的君主。

——西德尼

生活中能使我們大失分寸的，往往不是問題本身，而是我們面對問題時的壞情緒，甚至是失去理智。有些事情明明沒有嚴重到無可救藥，但因爲手忙腳亂，反而把情況搞得更糟。

如同緊張的親子關係、與同事的互動、和伴侶的分分合合，都是在關鍵時刻錯失了改善的機會，直到事情塵埃落定後，很難再回頭。不管如何懊惱，那些傷害已經造成，只能留下難以彌補的傷痕。

沒有無法解決的困難，也沒有過不去的難關，所有問題的關鍵在於人的態度——你如何面對失控的狀況？你是否有足夠的定力？在緊要關頭之下，你若依然能保持清醒的頭腦，就有可能化危機爲轉機。

不衝動，爲激情穿上理智的外衣

一位母親深夜在街上哭泣著尋找她的孩子，當員警上前詢問時，她激動地說：

「我不過是打了她一個耳光，沒想到女兒便離家出走好幾天，至今一點音訊都沒有……」

第二天，終於有了女兒的消息，沒想到卻是因車禍被送到醫院才通知警方。雖然女兒身體無大礙，但這位母親依然自責不已，她自責差一點就會從此失去摯愛的親人。

在運動場上，更能從情緒觀察出運動員的優劣。一位優秀的運動員不會因局勢惡化而影響判斷，甚至經常有令人意想不到的完美表現。因此，優異的運動員除了天生的運動細胞外，你會發現他們總是格外冷靜，即使面對強敵，也能展現不慌不忙的態度。冷靜地控制情緒不僅能使人發揮原有的實力，也能讓對手猜不透，從而掌握絕對的優勢。

情緒化是一種非理智行爲，未能適當控制往往引發難以收拾的後果。你可曾記得年少輕狂時，工作上稍不如意便容易與主管起爭執，對同事發脾氣，造成人際關係緊張？當時你可能認爲自己只是有話直說，但無形中造成的傷害不止是對方，還可能反過來導致工作上的危機。那些原本與你相安無事的同事可能反過來成爲你的絆腳石，處處阻礙你的發展。

如果你發現自己不斷在轉換工作，這時就該好好檢討，是不是因爲情緒問題所造成的困擾。

如果只是因爲穿著老虎頭，雙手舉起手張牙嘶吼，頭上上方有紅心，卻因此失去發展的機會，實在是很可惜的一件事。或許你因此憤憤不平，但對於老闆而言，他需要的是有自制力的員工，而不是一位影響團隊和諧的天才。老闆明白，只有那些能保持理性態度的工作夥伴，才能在公司遇到危機時，有能力改變公司與個人的命運。因此，一個能冷靜沉著、懂得克制自己情緒的員工，才是老闆理想中的人才。

不只在職場上，許多扭轉命運的決定，往往在最危險的緊要關頭發生。那些商場上的首富多半在局勢動盪不安時誕生，當所有人都瘋狂拋售時，才有便宜貨可撿；相反，在太平盛世時很難有暴利產生。因此，那些聰明的生意人，永遠比別人早一步看到未來，當風暴來臨時，他們能沉著應對，處變不驚。俗話說：「亂世出英雄」就是這個道理。

保持理智不僅能讓你安然度過每一個危機，更使你有出類拔萃的機會。

我們可以這麼說，不受周遭氛圍影響而能保有自我的人，才是具有大智慧的英雄，這非得具有膽識和勇氣不可。

不讓情感駕馭理智，你才有機會創造屬於自己的人生，隨心所欲而不失分寸。唯有冷靜思考才能解決問題，讓生命一步步撥雲見日。學習克服情緒起伏，保持心情平靜，再多的困難挑戰也能迎刃而解。

“

當理智超越情緒時，你就已奪回優勢，不再受環境的擺弄。

”

拿回發球權

不要被動的等待施捨，而是主動出擊。

你是不是常感到受制於人，無法自在地做自己想做的事？這種感覺經常會發生在每個人身上，但當這種感覺越來越強烈時，這是一種徵兆，意味著你承受了太多的壓力，使你無法自由行動，也暗示著你目前處於軟弱狀態。

這些壓力部分來自於性格，對自己缺乏信心；另一部分則是因爲你現在缺乏足夠的能力去爭取你想要的東西，一直屈居弱勢就是最好的證明。

回想小時候，幾乎每個孩子都有共同的心聲，就是希望有一天可以隨心所欲，不受大人的約束。為什麼孩子會感到自己沒有自由呢？那是因為他們相對弱勢，別人能以保護為由限制他們的行動，再加上生活上處處必須依賴大人，因此必須聽從大人的話。

人們談著自由，話裡全是枷鎖

但是，當我們逐漸成長，難道就眞的可以為所欲為了嗎？事實並非如此，你還是得接受四面八方的約束，甚至付出更辛苦的代價，也掙不到一點地位。

在這個弱肉強食的社會，只有那些握有優勢的人才能掌控一切。他們的自主性比一般人來得高，因為身上的光環使人無形中聽命於他，將他們的指令視為箴言，即使不全然正確，但局勢使然，很少人願意去質疑。當這些人連說假話都有人深信不疑，他們的自主性當然是無庸置疑的。

你的自主性有多大取決於你所創造的人生價值。平凡的小人物即使腦中有再好的觀念點子，卻無法對他人造成影響，連讓人聽得進去都很困難，因此想得到認可就非常困難了。也許可以這樣比較：一個成功者的廢話可能比不起眼的人物之忠言還要來得順耳。

成爲強者的第一步：你要殺死自己內心的恐懼

如果你能清楚認知這一點，那麼對自己感到處處被刁難，應該有合理的解釋，也比較能釋懷了吧！人的影響力決定了自由，再好的觀念和想法若缺乏支持，就只能停留在想像而已。當你能得到更多的肯定時，你想做的事情就能輕而易舉地達成，反之則阻力重重，讓你倍感壓力。

因此，弱者是沒有發聲餘地的，因爲他無足輕重，難以得到他人的認同。當屈居下風的時候，就得聽令於人，接受那些對你的未來有決定權的人所影響，勉強做你不想做的事，爲別人的目標努力。

也許你對現在的自己充滿自信，覺得那些外在的形象無足輕重，不過信心也是一種能力，而且需要很多事實來印證。有足夠自信的人，一定是他曾經在某方面有所成就，證實了他的想法是正確的，那些成就都能成爲強而有力的後盾，能說服自己也能說服別人，因爲他曾經證明過自己，也可以大膽信任自己的選擇。

要想得到公平的對待，爭取你的權利，不如先反問自己：你準備好了嗎？自信需要的不僅是態度，還有你擁有的條件。

唯一能改變命運的方式，就是讓自己成爲一名強者。強者不會讓自己屈居弱勢，強者對事情會在有充分把握後才行動，他們具有獵豹般的精神，主動出擊而不是被動等待施捨。

能否扭轉情勢取決於你。以正面積極的態度去面對人生，堅持那些對的事物，提升個人的影響力，你才能脫離被支配的命運，走出屬於自己的道路。

”

當你說廢話也有人要聽時，你的影響力就不言而喻了。

“

為自己的決定負責

沒看清楚的飲料不要喝，沒讀明白的文件不要簽字。

——西班牙諺語

打開電視、翻開報紙，處處可見發生意外災禍的人們在傷心欲絕時指責別人；家園被沖毀時怪政府，孩子發生車禍時怪對方司機，甚至在公園裡不小心跌倒，也要申請國賠。好像所有事情都是別人的錯，只要遇到不幸事件，先把矛頭指向別人就對了！這樣不僅能爲自己的情緒找到發洩的出口，還能博取人們的同情。

不問是非對錯就先怪罪別人，這樣的態度除了造成社會價值觀的混亂之外，對事情毫無助益，只會製造更多的爭端。

當意外發生時，或許主要原因是他人的失誤，但你眞能說自己完全沒錯嗎？若是不斷把怨氣發洩在別人身上，就像是只想爲情緒找個逃脫的藉口，抓一個代罪羔羊來掩飾自己的錯誤。如此一來，下次同樣的問題仍然會再度發生，事情並沒有得到解決。

怪東怪西也不過是人的一種鴕鳥心態而已。

有時，某些災難的發生，自己無論如何也要承擔一半的責任。你雖然無法要求他人非得按照你的想法行事，但保護自己卻是你能全權掌握的。許多危險我們其實可以避開，但有時卻因爲一些利益或圖方便而疏忽，導致嚴重後果。這是自己選擇上的缺失，若不能改變自己的觀念，那麼災禍依然會再次發生。

面對問題時，舉棋不定的態度最要不得

在面對問題時，多數人容易選擇逃避，彷彿這樣的反應比較輕鬆，不必一肩攬起太多責任。於是當你在生命的重要關鍵，像是要不要出國留學？從A公司跳槽到B公司好不好？或是決定大學科系、論及婚嫁的對象……我們都習慣先去問別人，而不是問自己。

如果別人的意見後來事實證明是正確的，你不會想到要感激對方；一旦是錯的，你就有了怪罪的對象。

「你爲什麼當初要求我這麼做？」、「這一切的失敗都是因爲你！」……當你有了最佳的理由解釋眼前的挫折，結果呢？除了失去關心你的友人，生活上的難關依然得自己去面對，而不是別人。

在偏僻地區，一位旅人迷了路。他好不容易遇到一名路人，那位年輕人指向叉路的右邊。這位旅人爲了確認，又翻開背包上的地圖，卻發現地圖上標示的是左邊那條路。他猶豫再三，最後決定遵照地圖上的指示前行。

沒想到那條路又遠又長，好幾次他心灰意冷地以爲自己眞的走錯了，很想回頭，直到遠遠看到一群人。一問之下，他順利抵達了自己的目的地。當他來到車站，在車站工作的當地人告訴他：「你眞是幸運，可以從那裡走過來。」

「怎麼說？」旅人好奇地問。

「因爲那條岔路前經常有土匪出沒，他們會故意指引外地人錯誤的方向，讓他們走向搶匪的賊窩。」

這名旅人深吸了一口氣，慶幸自己做出了對的選擇，要不然不知會發生什麼樣的悲劇。

也許有人會罵你「太過鐵齒」，但你不需要因此改變心意，更無須因爲別人的不滿而動搖你的意志。每個人的優缺點不同，別人可以得心應手的事放在你身上未必行得通，而你厲害之處別人也未必能做得到。因此，只要了解自己，相信自己可以做得到，這才是眞的。

除了自己，沒有人能爲我們的生活負責。因此，在踏出第一步之前，你必須想清楚——那眞是你要的嗎？後果會怎樣？

聽太多意見只會讓你更舉棋不定而已。他人的意見只能參考，最後你還是得站在自己的立場去考慮。一旦決定之後就勇敢進行，最終不論成敗，都能欣然接受事實。

就算你選錯了路，但畢竟是自己的決定，你無從怨尤，也不至於因違背自己的心意而後悔。畢竟你所做的一切是在證明自己的想法，爲自己的目標努力。

學著不推諉過錯，爲自己作決定，這是訓練自己獨立自主的方式。慢慢地，你可以從中修正自己錯誤的觀念，最後找到一套適合你的標準。這將會爲你帶來更大的信心，以及面對一切的勇氣。

“

當你願意為結果負起一切責任時，在行動之前就會更為謹慎。

”

CHAPTER 4

學習與寂寞共舞

別傻傻當砲灰

喜歡聽信謠言的人容易成為別人利用的棋子。

有些人好打抱不平，看到別人受委屈，就會立刻跳出來伸張正義。這是天性使然，雖然這樣的道德勇氣讓人佩服，但此性格若運用在職場上，效果可能會大打折扣，甚至可能淪爲被人利用的工具，容易因此付出慘痛的代價。因此，即使再好的品格，也需根據情境適時地展現。

想當好人也需看情況，並非蒙著頭盲目行事認爲自己在做正確的事。在未完全了解情勢之前，任何衝動的舉動都可能是危險且有害的。

當我們譏笑他人三姑六婆或是嘲笑他人愛說三道四、東拉西扯的同時，不妨想想自己是否也經常輕信謠言？當別人在我們面前生動描述時，我們很容易被牽動情緒，甚至因爲類似的經驗而希望能爲正義發聲。然而，許多人正是因爲這樣的流言蜚語而成爲辦公室政治中的　牲品。

道德是用來修身的，
而不是拿來綁架別人

你或許覺得自己在捍衛正義，但事實上卻成爲別人利用的工具。當有心人不願冒這個風險，卻鼓舞他人去當「前鋒」，他們心裡盤算的是成功對自己有利，萬一失敗的話也能撇得乾乾淨淨，根本不會因此而受到影響；最可憐的是那些天真以爲自己能夠單槍匹馬對抗整個情勢的人，最終卻成爲犧牲品。

很多人喜歡私下抱怨，然後等著看那個「傻蛋」在吸收了這麼多不良養分之後，能主動跳出來爲他們伸張正義。那些自詡爲「正義之士」的職場新手往往會上了別人的當，傻傻地站出來表達意見，結果可想而知，好事不會輪到他們頭上，壞事卻算他們一份。這就是過於盲從的結果。

這類事情在職場上屢見不鮮，若隨意跟隨人群鼓譟，將使自己的生活遭逢莫大挫折，後果也不會有人替你承擔。

職場吃的虧，99％是因爲你沒管住嘴！

辦公室裡總是充滿耳語，並存在許多小團體，這些小圈圈之間會相互合作，往往是因爲有「共同的敵人」，因同仇敵愾而成爲夥伴。如果懷疑我所說的，試著靠近那些小圈圈偷聽他們說些什麼吧！絕無例外！他們通常只是因為討厭同一個人或上司而聚在一起，卻很少有共同的積極目標。那些擁有共同積極目標的人將會成為共同創業的夥伴，而不僅僅是淪落在公司內部的小圈圈。

因此，當你成為職場的一員時，最好管好你的嘴巴，小心你所聽見的，同事們窩在一起準沒好事，一不小心身邊還可能存在著公司的「間諜」——這可能是上司的親信或是老闆的親屬等等。

當別人要你轉達訊息時，要留意訊息的內容；當別人抱怨不公不義的事情時，別自作主張當勇士。等你滿腔怒火衝上前線時，你會發現所有的後備支援全都消失無蹤，到那時才會驚覺人世間的現實，但已經來不及了。

你會感到驚訝，當功利主義主宰一切時，品德往往變得不切實際，甚至可能帶來災難。當一切都牽涉到利害關係時，你必須懂得分辨言談背後的真正目的，而不是傻傻地聽從別人的指揮。

如果能想通這一點，在做決定時就會更加謹慎，而不會人云亦云。因爲嘴巴長在別人身上，他們愛怎麼說就怎麼說，但你的生活得靠自己來承擔，因此要避免被他人的言論左右，堅守自己的信念，這才是明哲保身之道。

職場生涯就像是一個小型社會，你可以在人群中保持友好，與人爲善，但心中要保持獨立和理智，要有邊界感。因爲別人的熱情可能是一種虛僞，因此隨時保持清晰的腦袋，善於察言觀色才是最重要的。你必須清楚什麼該聽、什麼不該聽，並保持客觀的態度，言行也應該更加謹慎。

當你聽到「總該有人出來說話吧！」這類話時，千萬別中計了，因爲那多半意味著對方不願意承擔責任，而你更不需要爲他人的三言兩語來強出頭。

要讓理智戰勝情緒，凡事先想想後果再決定要不要行動，情勢若不是你能掌握的，就千萬別急著幫別人強出頭。

”

你只需要對自己負責，不需要為他人的言行負責。

“

嗜好是你一生最忠誠的朋友

能活在這世上是十分難得的事，而一般人卻只是活著而已。

——王爾德

心理學家研究指出，嗜好是人們獲得安全感和快樂的來源。愛好讓我們感覺與眾不同，並在其中得到發自內心的滿足。

正因每個人都如此獨特，但在社會價值觀的影響下，我們往往忽略了這些特性，反而去追求世俗的認同感，漸漸掩埋了真實的自我。這時我們像是駝著重重的殼，許多責任與壓力壓得我們喘不過氣來，找不到快樂，轉而追求外在的物質享受。然而，那些刺激卻是短暫的，且常常還浪費了自己辛苦掙來的血汗錢，生活品質也未因此提升。

現實環境的因素迫使我們做出未必合意的選擇，這些選擇有時是迫於無奈必須做出的犧牲。然而，唯有從事眞正屬於我們的興趣時，才能跳脫那股壓力，讓我們重新找到歸屬感，在心靈上重獲自由。

當你迷失在庸庸碌碌的生活中，被現實的壓力壓得喘不過氣時，試著找到你的嗜好為你充電。嗜好能讓你重新找回生活的力量，並在精神上充滿能量。

喜歡的事慢慢做，喜歡的生活努力過

嗜好能讓人充分展現自我，就像是心靈的另一個家。在那裡你將找到最眞實的自我，發掘生命中最美好的部分，重新體會生命的價值。即使是來自相同家庭的兄弟姊妹，也能跳脫環境的影響，各有不同的興趣喜好。

以我家爲例，從小我大哥喜歡繪畫，小弟除了觀察螞蟻，還有下象棋的嗜好，經常自己一個人下象棋。我常常看到他一手拿著書本，按照書中的指示學習下棋技巧。相信當你回顧家中成員時，也一定能發現類似的驚奇。

這說明了每個人的獨特之處！不要認爲自己一無所長，抱怨生活苦悶。培養自己的嗜好能滋養心靈，讓你脫離沮喪和絕望，再度感受到生命的禮讚。

興趣是很純粹的，是我們發自內心主動願意去做的事。至於能達到什麼樣的境界那又另當別論，但至少你樂在其中，不會在意別人的眼光。有些人的興趣是養魚，看到魚兒在水中游來游去，所有的壓力和煩惱都消失無蹤，這也是嗜好的另一項好處。

不要以爲嗜好是閒人才有的，忙到抽不出空來其實只是藉口。興趣是靠平日培養所累積出來的。有些興趣需要親身接觸之後才能發現。我們不僅能從童年時光的回憶中找尋，也能從現在開始嘗試。培養自己的嗜好一點也不難，難的是你決定什麼時候開始。

當你找到屬於你的嗜好時，你將更了解自己，也爲自己的生命賦予了獨特的重要意義。這能成爲你的精神慰藉。請單純視之，千萬別一開始就想把它當成職業。只要參雜了利益的嗜好就不再單純，別讓它變成你必須壓抑求全的工作。

並不是每個人都能如此幸運地將嗜好當成工作，而且有很多的興趣是很難轉換成物質回報的。但嗜好卻能帶來一種更高境界的報償，那就是「快樂」，這是無法以金錢交換的。

"興趣是專屬於你的私密樂園，能填補生活中的空虛與壓力。"

淡定接受自己的一切

羅曼羅蘭說：忘卻悲傷常叫人甦醒。

人生中，沒有一種痛苦是無法忍受的。在面對痛苦時，我們應該深刻體驗並從中學習。

許多人常因害怕痛苦而深陷於恐懼之中，實際上是被自己的心理恐懼所困。要知道，痛苦本身並不可怕，，眞正可怕的是我們對負面情緒的過度放大。

一位在航行中失去摯愛孩子的船員，始終忘不了自己無法保護孩子因而噩夢連連，從此無法振作，最後離了婚，整個家庭因而破碎瓦解。

有一天，當他經過一條溪流時，寧靜的河面忽然起了變化，有人掉進溪裡大聲呼救，旁邊只有幾個束手無策的孩子。這名船員毫不猶豫，立刻跳進溪水裡，拚命往前游，抓住了溺水孩子的衣領，迅速將他救上岸。隨後趕來的消防人員和群眾都爲他歡呼鼓掌。這時他才意識到，竟然在刹那間克服了自己十年來對水的恐懼，成爲眾人心目中的英雄。

自此以後，他忘卻悲傷，成爲那位溺水孩子的義父，在他生命中又多了一個兒子。他重返海上，成爲了一名優秀的船長。

每個人生命中難免會發生一些令人遺憾的過往，由於每個人各自承受不同的創傷，復原的快慢也不一樣。積極的人或許可以迅速振作，而內心脆弱者可能需要更長時間，甚至會一蹶不振。唯有在生命中遭遇挑戰，我們才能眞正考驗自己的韌性。

不要被負面的小事影響，該放過就放過，該遠離遠離

對自我要求很高的完美主義者，雖然生活看似完美無缺，但越是這樣的人，可能反而承受不了生命中有一絲不完美，往往容易被意外擊潰，陷入長時間的自責和愧疚之中。

有些人能夠迅速忘卻傷痛並重新站起，你可以說他們對挫折比較不敏感，或者擁有較堅強的個性。無論如何，相對於那些難以釋懷的人來說，能夠迅速忘記傷痛的人更加幸運。即便遭受了重大創傷，他們也能保持淡然，繼續面對未來。

渡邊純一說：「鈍感力雖然有時給人以遲鈍、木訥的負面印象，但鈍感力卻是我們贏得美好生活的手段和智慧。」在某些情況下，對痛苦稍感鈍感並不一定是壞事。雖然細心和謹慎有助於我們更容易取得成功，但在特殊情況

下，過於計較、鑽牛角尖可能會與自己過不去。

有句俗語說得好：『當局者迷』。當我們感到沮喪和失望時，往往就像是把自己關在象牙塔裡，無法看到外面的世界。這些低落的情緒會漸漸麻痺我們自己，若讓那些壞情緒控制你，就會迷失在迷霧中，無法清晰思考，整天陷入在自己編織的悽苦畫面之中，認爲只有淚水才能證明自己的存在，一直陷入自怨自艾，無法找到出路。

反覆在腦海中重播痛苦的記憶只會對自己的未來造成傷害，毫無助益。

當所有的思維都向負面方向發展，甚至失去對人生美好的信念時，你就像是自己在主動深挖那些傷痕，把自己埋在其中。這樣的心態極不健康，甚至是一種病態。如果長期如此，悲劇可能會再次發生，使人不斷陷入悲苦的回憶之中。

別讓無法改變的事實
變成爲難自己的困擾

但我們有能力避免悲劇的延續。沉溺於過去的傷痛回憶，對現在的自己是一種自我摧殘，甚至可以視爲一種虐待。最終將影響我們的是整個生活，一旦出狀況，等於是被一件事情毀了人生。

你所危害的往往不只是自己，還包括周遭的家人好友都一併拖累。不論錯誤的根源在哪裡，重要的是向前看，不要讓生命停滯不前。未來是可以改變的，但已經發生的過去不行，試著原諒自己也放過別人，別再讓無可改變的事實成爲畢生的困擾。

羅曼羅蘭曾說：「忘卻悲傷，常能使人重獲新生。」因此，試著設定一個停損點來結束創傷的影響。遺忘並不代表逃避，而是給自己一個重新站起來的機會。只有擺脫過去的包袱，你才能眞正看清當下，並找到改變現狀的方法。

生命的價值並不是只為自己而活，而是能為他人帶來更多幸福，如果能夠改變自己的心態，把創傷當成一個人生經驗，那麼曾受的苦就值得了。挫折與苦難將成為你生命中的助力而非阻力。能化悲憤為力量的人才是勇敢的，他們是眞正能掌握生活的人，臉上的淚水將會乾竭，但我們的未來卻不曾中斷，如果能儘早收拾好心情，繼續前進，前途依然是一片光明。

”

活在痛苦的回憶中，就是一種自我虐待。

“

別去奢求他人的同情

不要向別人訴說生活上的苦楚，因為大多數人不會把你的痛苦放在心上，而且有些人還會幸災樂禍。

——菲倫索弗

每個人都難免會有感到脆弱、不知所措的時候，當你對生活感到無力時，難免會希望有個可靠的肩膀或者理解你的人出現在身邊，可以依賴。或許你極其有幸，擁有知己夥伴，但如果沒有，與其期待這樣的人出現，不如試著自己化解這種不安。

當我們感到軟弱時，最容易失去判斷力，那時只要有人出現在身邊，你都會當作是親人般掏心掏肺。也許只是想找個可以情緒發洩的對象，渴望得到共鳴，但往往因爲太大意，而讓自己像是挖了個大洞往下跳一般，因爲你太過相信那些傾聽者，有時反而容易給自己惹上麻煩。

過去在大戰期間，很多關鍵性的情報都是從酒吧裡洩露出來的，那是因爲人在酒過三巡之後，卸下了防心，一不小心便可能把重要的祕密宣洩出去，甚至可能造成局勢的扭轉，牽涉到國家人民的命運——當然對升斗小民來說，我們雖然無法造成什麼重大危機，但是你也不想摧毀自己的生活吧！

有些人迷上網路聊天室，這種人善於隱藏自己，但是對別人的隱私卻興致勃勃，說好聽是「善於傾聽」，但實際上說穿了根本是揭人瘡疤，卻又不願意分享自己的資訊，這根本不是一種情誼的交流，而像是在跟「偷窺狂」交談。

對弱者的遭遇產生興趣，眞心想幫忙的人其實不多，大部分人其實是抱著看熱鬧的心態；藉由看到別人的不幸，用來彰顯自己現在有多幸福，或是趁機說風涼話，以顯示自己高高在上。因此，輕易將自己的脆弱攤在陽光下讓人批判，此舉無疑是在傷口上灑鹽，不僅無濟於事，還會加深你的痛楚。

你無法奢求他人爲你提供幸福

人心是複雜的，有時候即使你不算計他，仍然有人虎視眈眈，巴望著哪天將你的成就奪走，這樣的例子不勝枚舉。你無法分辨對方是眞心同情或是虛情假意，你已因情緒失控而亂了分寸。這時候，更得格外保護自己，而不是到處去訴苦。

一名公司職員被上司誤解，覺得自己倍受委屈，透過抱怨想博取同情，希望能在同儕中找到支持自己的力量。

怎知，他訴苦的對象卻把這話輾轉傳到上司耳裡，還加油添醋了一番，這名職員後來不僅沒有人幫他說話，還因此得罪了主管，最後被掃地出門。然而當他應徵下一份工作時，若還是不知反省，對待工作持相同的態度，試圖贏得主考官對他的同情。結果必定適得其反，讓他被拒於門外。

檢討發生在自己身上的問題，試圖改善，才是應該做的，而不是一直鑽牛角尖，只顧自己的情緒，想博人同情達到自己的目的；這對一個成年人來說，是極不成熟的行爲，就好像離不開父母懷抱的孩子，永遠無法獨立。

不要過度依靠他人，每個人都需要找到自己人生的眞諦，別等待他人爲你提供幸福，沒有人能滿足你的內心世界，只有透過自己的努力，你才能找到幸福。

人必須自助而後人助，不先站起來爲自己找尋出路，機會是不會從天上掉下來的。如果眞的需要別人的幫助，也必須讓人覺得你値得幫助，以行動來表示你的振作，停止那些自怨自艾的心態，日子才會有撥雲見日的一天。

希望博取同情的人習慣於依賴，最後反而讓把柄落在有心人的手中。

不讓別人難過，也不讓自己委屈，
這才是成年人該有的樣子

CHAPTER 5

遠離
有害環境

懂得保護自己

沒有任何人可以跟自己親密到毫無保留，除了獨處。

在我們的學校教育裡，老師沒教的事卻往往是人生中最重要的課題，其中一項便是「如何保護自己」。學校可能教你學習知識，但卻沒教導你當受到傷害或遭到別人不公平對待時，如何適時保護自己避免受到更大的傷害。

學校裡有許多規矩，能確保我們在相對安全的環境中盡情發揮，但是，一旦脫離那些保護的外殼，你是否有足夠的能力維護自身的權益呢？這往往與一個人的學歷高低無關，而是必須從生活中歷練學習的。

不必把所有人，請進生命裡

「學會保護自己」是邁向獨立人生的重要一步，懂得捍衛自己的幸福可以讓有心人知難而退，從而獲得應有的尊重並享有自主的生活。這是每個人都必須學會的課題，有時比「表現出色」更爲重要。

在職場上，我們常常發現，人際關係最差的往往是那些才能非常出色的人，他們經常與升遷無緣，甚至經常轉換公司、到處碰壁。你說是因爲他們難以相處嗎？其實並非如此。最終歸納出的原因往往指向一處，那就是他們過於專注於「事」，而忽略了「人」的影響力。這也是爲什麼「小人襪」在市場上賣得這麼好的原因。

千萬不要懷疑，當你默默無聞時，自然不會引起小人的注意。但當你意氣風發時，這些小人忽然就會相繼而來。如果你不想因爲那些勾心鬥角的事而使辛苦毀於一旦，就得幫自己架好防護網。

當我們漸漸長大成人後，會發現很多事情沒有所謂的公不公平。沒有人會永遠成爲你的依靠，爲你解決各種問題。甚至往往我們所信任的人，都可能反過來咬一口，如果我們連自己都保護不了，又憑什麼要別人替你著想呢？

社會叢林法則與自然界的弱肉強食一樣，你認爲善良的人爲什麼老是被利用，爲什麼有些人注定就是被欺負，難道這世界失去了眞理嗎？這麼講好了，如果每個人都有良好的道德標準，人人都懂得約束自己的行爲，那就不需要法律這種東西了。

如果我們經常遇到不公平的事情，就應該反思自己，而不是責怪他人。這不是說你做錯了什麼，而是在面對邪惡力量時，或許應對不夠聰明、有智慧。

很多事情雖然沒有嚴重到必須動用法律來解決，但對我們的生活卻會造成極大的危機。要想避開禍端，避免那些不幸發生在自己身上，你必須早一步想好防範措施。

懂得捍衛自己的幸福，能讓有心人知難而退

每個人都需要朋友，渴望融入人群，因爲這是我們可以選擇的親密關係，但是請注意！我說的是「選擇」兩個字。也就是說，在你選擇朋友的同時，對方也有權利進行考慮。有時雙方的關係並非對等的。

因此，我們常常會發現，背叛我們的往往是我們認爲是好朋友的人，那些看似關心的同事，最終竟是你職場上最可怕的小人。這全是因爲你犯了一個致命的錯誤——在認清狀況之前，對人過於掏心掏肺，最後卻是拿石頭砸自己的腳。

所謂的現實就是，你你得考慮和親近的夥伴之間是不是有利益上的糾葛，即使是同輩好友，有時也可能成爲最大的競爭對手。

當現實利益有所改變時，你必須謹慎行事，觀察一段時間後再做決定，而不是傻傻地繼續像往常一樣全心信任對方。

當然，你可以信任朋友，但問題是：你是在什麼情況下認識他們？你們的背景有多大差異？你眞的完全了解他們嗎？

有位老同學與昔日同事一起創辦公司。當時，兩人一同離開原公司，有一種患難與共、互扶持的情誼。剛開始打拚時，兩人幾乎輪流睡在租來的小辦公室裡，不分日夜的忙碌，在兩人的努力下，公司業務逐漸起色，營運也步入正軌。

沒想到，就在公司開始擴張後，這位幾乎日夜相處的親密戰友卻背叛了他，將公司股權祕密轉讓給親戚，並掏空了公司資產，讓我這位老同學一夕之間瀕臨破產的邊緣。至今他仍無法理解，當初共同奮鬥的戰友，究竟是出於什麼目的背叛了他。

究其背景，那名股東出身於商業世家，家庭成員都是生意人。而這位老同學家境小康，父母和兄弟不是公務員，就是小員工，當他從商時沒有人可以討教，更別說提防那些商場上五鬼搬運的手法了。

因此，太過單純的想法往往會害了自己，以爲別人應該與你一樣。你的付出可以獲得相等的回報，但現實往往不是如此。這倒不是要你也學著去對付別人，而是要懂得爲自己保留一些，凡事多爲自己想想，先保護好自己，你才有籌碼去談條件。

”

面對再好的朋友也需要替自己保留一些隱私。

“

別相信別人畫下的大餅

越遙不可及的夢境越是美麗。

你應該聽過，當人在沙漠行走時，疲倦得再也提不起腳步。當仰望一片荒蕪，總會在遙遠的地平線那端看見隱約浮現的一片海市蜃樓。當他費盡最後一絲力氣往前狂奔時，卻怎麼也無法靠近那個渴望之地，結果卻只是加速自己的毀滅。

這是在沙漠中所產生的幻覺，是人們下意識對自己的催眠，即使不是身在沙漠，而是在競爭激烈的都市叢林裡，我們依然會有著類似的幻覺，以爲美好的明天即將到來。

當內心的欲望越強烈，就越容易受到幻覺的誘惑，我們變得不願再相信自己的判斷，而更願意相信別人所說的話。於是那些騙徒說得口沫橫飛，而我們竟然願意傾聽，並像中毒一樣任由對方擺佈。

保持身材的祕訣：不吃他人隨意畫的餅！

我們的生活中，時常可見那些愛畫大餅的人，他們就像鬼魅一樣，不時在我們脆弱、無法清楚思考時現身攪局。他們把事情說得活靈活現，將一切描繪得美好，很多人不由自主地就跳進了那個陷阱裡，等到驚醒時才發現自己已一無所有。

投資就是一個很好的例子，當理財專員要賣你金融商品時，他心裡想的不是能幫你獲利多少，而是自己的荷包能增加多少。他們基本上跟業務員沒兩樣，他們的薪水來自銷售的抽成而非單純的專業。你可以相信一個技術高超的修車工人，但千萬別輕信業務員。更不用說投資詐欺了，對方頻以話術畫大餅——一個好大好大卻吃不到的大餅，告訴被害人馬上就能一夕致富，而詐取財物。

政治也是畫大餅的領域，大部分的政客只在乎自己能否選上，而不是選上能爲人民做多少事情。他們所描述的美好，只是爲民眾洗腦，然後達到自己選上的目的而已。

總喜歡聽好話，喜歡受人諂媚的人，通常心態就不健康；可能自己一輩子沒做過值得稱讚的事，也可能來自自卑的性格，當好不容易有人說自己好話時，立刻被牽著鼻子走。

當心彩虹屁，別人的言論，可能成爲捧殺

以前有位記者前輩告訴我：「當一個人在你面前表現得很殷勤時，你就該小心了！」如果你多多思考，就會發現這句話一點也不假。因爲「說好話」不是美德，會刻意這樣做的人，多半是有求於你。雖然人性本善，但現實社會卻不如你所想像的那麼美好。

在一家百貨公司前，正當我拎著菜市場買來的百元包，忽然出現兩位打扮入時的小姐向我走來，稱讚我的包包好看，還問這是不是某個名牌。當下我心中竊喜，很老實的回答只是個便宜貨。果然，這兩位小姐立刻把話題轉到她們是推銷護膚美容的，一直想把名片塞給我。

雖然我並未因此產生什麼損失，也不會輕易被拉去消費，可是心中還是難免失望，因爲受到言不由衷的讚美，總是令人很不舒服。

這雖然是一件小事，但卻是很多社會現象的縮影，一個無端的讚美、讓你不勞而獲的物質、送上門來前途似錦的事業……當中都隱含著陷阱，如果你不夠冷靜客觀，最後「前途似錦」的可能是對方，而你不過是個踏腳石而已。

因此不要太相信別人說的話——尤其是好話，當你什麼都沒做，有人忽然不斷地讚美你時，就該小心了。別因爲一時的衝動，而把自己的生活毀於別人的手裡。不僅做事之前要三思，別人說的話也要仔細分析。天下沒有白吃的午餐，更沒有天上掉下來的禮物，如果你眞的渴望那些美好的承諾，就該靠自己的努力去爭取，而不是仰賴他人毫無理由地送到家門口。

喜歡聽好話的人容易掉入他人設計的陷阱裡。

遠離有害環境

環境對前途的污染遠超乎你的想像，你無法置身事外，但卻可以選擇對你更有利的地方。

環境對人的影響遠超乎我們的想像。我們常常認爲自己的自制力足夠強，可以應付任何狀況。然而，人不是物品，長時間待在惡劣的環境中，想完全不受影響是不可能的。

《晏子春秋》曾言「南橘北枳」一語，意思是橘樹生於淮南則爲橘，生於淮北則爲枳。這是因爲淮南的環境適合橘樹的生長，結出的果實飽滿又香甜；而一旦移到淮北，缺乏豐沛的雨水和肥沃的土地，就變成了不可口的枳。這比喻同樣的事物會因環境不同而產生截然不同的結果。

一個原本善良單純的人，若被放置在一個處處勾心鬥角的環境中，若他不和別人一樣心機重重，恐怕難以生存。因此，他會自然而然地變得處處留心。即使他的天性不至於自私害人，卻難免對人性產生懷疑和不安。

以女人的容貌來討論環境的影響是最顯而易見的。被幸福環繞的女性，即使素顏，你也會覺得她很美麗，因爲她的臉上容光煥發、神采奕奕。而再美的女人也敵不過內心的折磨，心境的改變讓她顯得蒼老。尤其是身處不幸的婚姻，更會加速她的老化。

環境影響心境

我們的心境很難完全不受外在環境所影響，處在不快樂的環境中，你很難找到眞正的快樂。日積月累的負面影響就像病菌一樣，慢慢侵蝕我們的本性，將我們帶往不健康的精神狀態。因此，長時間停留在讓人墮落的環境中對任何人來說都是非常危險的。

爲了有效保有掌控自我的能力，除了努力堅持自我，也應該愼選環境。面對你所身處的環境，你有權利自由決定離開或是停留，決定權在你手上，任何不予改變都是沒有勇氣的藉口，沒有第二個理由。

當你厭惡一個死氣沉沉、沒有前途的公司時，爲何仍留在那裡工作？是因爲自己能力不足？還是顧慮經濟？還是缺乏信心？

這些都是可以靠自己解決的，學習理財、充實工作上的技能，都可以讓你有能力往更好的地方發展。除非你完全不願意行動，繼續埋怨你的工作，討厭你周遭的人，那麼痛苦永遠不會遠離，即使出現短暫的快樂，也不過是令人窒息的環境中偶然得到的喘息。

能在各行各業裡嶄露頭角的人物，其成功一定跟他的成長環境有密不可分的關係。在藝術文化興盛的地區，自然而然就能培育出許多傑出的藝術家，你很難想像如果巴哈或梵谷生活在非洲，那麼他們還會是我們所認識的藝術家嗎？一個能讓你如魚得水的環境下，自然會表現出令人驚豔的成績。

因此，了解自己很重要，選擇適合你發展的環境更重要，你必須了解自己追求的是什麼，別讓一個不適合自己的環境拖垮了你的夢想，削弱了你的意識，最後變得跟你不喜歡的人一模一樣，那可是最悲慘的事。

尋覓一個和你有共同興趣和目標的夥伴，以及一個能充分發揮天賦的職場，你的表現將獲得事半功倍的效果；而不是困在一個不良的環境，永遠疲於奔命，卻一無所獲。

如果四周都是濃煙，你想不被嗆昏，都是不可能的。

改變被奴役的命運

失去思考能力的你，將容易落入別人的圈套。

最近我讀到的一篇故事很有意思：

古巴比倫以富庶聞名，在此地充斥著善於經商的富翁。一名叫阿格達的年輕圖書管理員，他靠著抄寫賺取微薄的收入維生，同時夢想有一天能跟別人一樣有錢，但是他日以繼夜的工作，卻只能圖個溫飽而已。

有一天，他得到爲當地大財主撰寫書籍的機會，阿格達知道這位財主非常懂得理財之道，因此願意分文不取，跟他交換致富的訣竅。

在書籍完成之後，這位富翁只給了阿格達簡單的一句話：「要有錢，就是要成爲財富的主人。」

阿格達聽了之後非常生氣，抱怨說：「這句話誰不知道？我不是來聽這種廢話的。」

富翁笑了笑回答說：「可是你明白這句話眞正的道理嗎？你每個月用勞力辛苦賺錢，你眞正成爲錢的主人了嗎？依我看根本沒有。」

「怎麼說？」阿格達很不滿意的看著他。

「如果你眞的是這一筆薪水的擁有者，那麼你可以把錢拿出來給我看看嗎？」

阿格達紅了臉，支支吾吾說：「我……早已經把它花完了。」

「這就對了。」富翁說：「你一直拚命工作，所賺的錢卻只夠支付給賣你食物的商人、給你的房東……你根本一毛不剩，你等於是那些人的奴隸，你辛苦的工作都是爲了支付生活的各種開支，所以，你只是金錢的奴隸，是那些商人的奴才而已。」

阿格達聽了以後恍然大悟，立刻改變態度，虛心接受富翁的指點，然後靠著「爲自己賺取財富」，最後終於也成爲一位富翁。

既然選了，那就讓所選之路開滿鮮花

這故事講的雖然是理財的啓示，但運用在生活上，不也是同樣的道理嗎？你是否靜心想過，你究竟有多少時光是爲自己而活？

你可能以前曾經過窮苦的日子，發誓要讓別人另眼相看。於是你努力賺錢，買大房子、買名牌、以名貴轎車代步。然而，你身上卻是負債累累，背負了過多的貸款。這樣的話，你就是別人眼中的金錢奴隸。最令人津津樂道的例子是現在有許多豪宅，幾乎都是那些有錢人買來給「外傭瑪麗亞」居住的。

如果你付出勞力汗水所換取的代價，無法讓你眞正享受到，那麼你就是別人的奴隸。那些看似快樂的都是假象。

當然，任何事情不是一開始就能如你所願，讓你有充分的自主權。在追求理想生活的過程中，你一定會經歷令你感到被剝削、利用的經驗，但這都無礙於你對自我的追求。

如果你相信那些辛苦只不過是一個過程，你的未來終究會越來越好。最怕的是你認定這是一份支付你生活的工作，你不能失去它。這樣的話，過了十年、二十年，狀況也不會有任何改變。因爲你將慢慢習慣當一個奴隸，成爲被生活奴役的對象，更別提什麼成就了。

如如果你能清楚地意識到，目前你所做的工作對增強你的實力確實有所幫助，你在爲老闆工作的同時卻沒忘記在他身上學習，那麼有一天，你也能開創一片屬於自己的天地。

你必須在做任何事情之前，先衡量它的價值究竟能否爲自己增值，別只因爲害怕失去而不捨放棄。只要認爲自己所做的是值得的，就能從中獲得樂趣與成就感，感受到自己的生活一天天在進步。這才是你應該追求的。如果只是因爲害怕失去，那表示自己只是害怕改變，怕自己最後一無所有，而想盡辦法苟活於不甚滿意的生活，繼續讓別人奴役你。

因此，如果你想過理想的生活，別害怕改變。有時只需要調整一下，做出不同的選擇，你慢慢就能發現，改變生活並不困難。改變不會是一時的，時間會慢慢證實，你才是命運最大的主控者。

”

別當別人的搖錢樹，要真正享受你所得到的，才算是你的收穫。

“

你在浪費生命嗎？

我如果無所事事的過了一天，就覺得自己好像犯了竊盜罪。

——拿破崙

你多久照一次鏡子，告訴自己「一切都令人滿意」？你的工作能讓你實現抱負，薪水很令你滿意嗎？同事之間可以分享關於未來的理想抱負，公司正抓住機會向前發展並搶佔更大的市場嗎？

如果答案都是否定的，也許現在是你改變的時候了。

我們經常在不知不覺中浪費太多時間在那些毫無意義的人或資訊上，像是閱讀八卦雜誌跟膚淺的電視節目，無一不在消耗我們的精神，影響人的情緒，對生命是一種折損。

在知識爆炸的時代，我們幾乎不能不上網，然而網路上有太多免費的東西可供瀏覽，但是「免費」往往代表了一種陷阱。光是「便宜」已經沒好貨了，何況是那些不必付費的東西？就像你在股東會拿到的贈品一樣，沒有人會去負責你拿到的是不是是瑕疵品。網路資訊經常夾帶著大量的商業行銷，背後都有其目的，不像表面所看到的那麼簡單，讓你真的撿到便宜。

選擇有意義的資訊

一般人應該都有經驗，當你無意間進入一個網站，得到一個免費的入門資訊，可是當你需要更深入了解一些知識時——抱歉！你得刷卡付費才能繼續瀏覽。你必須花費大量的時間去篩選真正有意義的資訊來閱讀，卻常常在這個過程中走馬看花，被亂七八糟的資訊耽誤了許多時間。

我常覺得上網並非閱讀的正確管道，大部分人只想免費獲得，卻不問得到的是什麼樣的內容。我們常常忘了，眞正的創意跟好文章是別人付出多少心血、絞盡腦汁而來，當別人付出這樣的代價，你卻貪小便宜的希望能夠在網路上隨意就瀏覽得到，你想這有可能嗎？

尊重知識，就是尊重那些辛勤耕耘的專家。曾經我有一本書的內容被公開在網路上免費供人瀏覽，我發現後，立刻提出抗議，對方只好將網頁撤下。我覺得這是對作家的一種尊重。每一個知識點背後，都有專家的汗水和智慧。而且，眞正有價値的東西是不可能完全免費讓人得到的。也許偶爾我們能在網路上找到一些有意義的資訊，獲得這些免費的資訊聽起來好像很聰明，實則是一種懶惰的表現。更何況，如果以搜尋所花的時間推估，其實並不划算。

時間用在哪裡，人生就在哪裡

譬如你花了一小時去瀏覽網頁，可能只找到一兩篇具可讀性的文章，但是若你買的是一本書，在這一小時裡，你每分每秒都在吸收有意義的內容，以時間的價值而論，仍然是划算的。你花十五塊錢買了一份報紙，上頭都是經過編輯撰寫潤飾的文章，從影劇、政治、家庭版、副刊一應俱全，你看到的是較網上更成熟的文字與深入報導，你的付出跟回收是值得的。

更別提上聊天室跟玩線上遊戲了，你和一個從未見過面的人交心，花了許多時間來談論你的生活，即使對方再了解你也沒有用，其實你只是浪費感情在冷冰冰的電腦前，在你關機的那一剎那，你根本不知道對方何時會從此消失。

當然網路有其便利跟實用性，但我奉勸你別浪費太多時間在網路上，多留點時間照顧你眞實世界身旁的親友，在那才是你眞正該過的生活。

對於朋友的選擇也很重要，有些朋友能夠帶給你智慧跟助力，有些朋友卻只是會浪費你的時間而已。

最近我碰到了一件事情：

有回我書看到一半若有所感，本想打電話給一個朋友交流讀後心得，結果卻不歡而散。當我提到想在南部買間套房做爲投資時，這位朋友聽我提及身上的現金不夠，便提議我不如告訴願意負擔部分價格的家人，報高價格謊稱那間套房要一百萬。

接著我問：「如果那間套房實際要價六十萬，而家人只願意出四十萬，我該出多少錢呢？」

對方想也不想就回答說：「這樣你只要拿出十萬塊就可以了。」

我又接著說：「得要到明年年中，我才能收齊另外十萬塊的稿費。」

這位朋友的反應是：「那可眞不得了，你發了！」

我耐心回答說：「可是，到明年還有十個月，如果十萬除以十是多少？你覺得這樣的收入足夠我生活嗎？」

後來我很快掛上了電話，心裡覺得非常地不舒服：顯然我找錯了討論對象，連對數字非常遲鈍的自己，都可以看出其中的問題，然而去跟一個數字觀念比我更混淆的人談理財，這不是浪費時間嗎？

這讓我有很深的感觸：結交什麼樣的朋友對人有很大的影響，一個好的朋友可以爲你帶來成長，而不好的朋友不僅傷及智商，還可能將你拖下水。因爲我們難免會依賴朋友，然而當你的朋友不值得依靠時，交往這樣的對象，只是浪費生命而已。除非你們有共同的嗜好或過去美好的回憶，否則遇到話不投機的人眞該考慮斷絕往來，讓你將時間用來結交更多更有智慧的友人。

我們擁有選擇如何生活的權利，你可以把時間花費在那些毫無意義的事情上浪費光陰，或者把時間花費在更有價值的事情上。改變散漫的習慣，以效率來督促自己，你將發現，生活會變得煥然一新。

不要跟冷冰冰的機器交朋友，更別把時間浪費在愚蠢的人身上。

失去，是另一種獲得

不去清出一些空間，如何讓新的東西進來？

生活中難免有地方不盡如人意，有些事情是我們強求不來的。那些你越是祈求發生在身上的好事，上天卻好像故意捉弄你，讓你一無所獲。我們的痛苦也往往由此而生，那些無止盡的煩惱彷彿一再提醒，自己是多麼無能爲力。

一位鄰居太太每次被兒女氣壞了，總是忍不住哭訴著：「早知道我應該嫁給自己心愛的人，就不會吃這些苦了。」

原來這位太太當年因爲家庭環境困苦，只好爲了錢嫁給現在的先生，但沒想到風水輪流轉，原本經濟環境還不錯的先生，卻在婚後家道中落。債還沒還清，先生卻已經過世，留下幾名子女，她含辛茹苦的把孩子拉拔長大，但兒女們卻不聽話，經常忤逆她，讓她感到十分心寒，覺得這輩子都沒過到好日子。

而當年因爲環境被迫分離的男友，如今搖身一變成爲大地主，再也不是當年可憐兮兮的貧農了，這更讓她百感交集，覺得是命運捉弄人。

她老是活在那樣的遺憾中，直到最近傳來的消息—她過去的戀人離婚了，懷抱些許期待，她和老情人在多年後相見，但是結果卻讓她完全改觀。其中的理由很簡單：因爲那已經是她舊情人的第四次婚姻，他的一句話更讓她瞬間清醒過來。

「你還記得當年的我們，一塊騎車下山時幾乎迷了路嗎？當時你把外套披在我身上，讓我很感動。」這位太太問舊情人。

「是嗎？」沒想到那位舊情人的反應竟然是：「我不太記得了。後來那件衣服你還我了沒？」

原來她在他的心中一點份量都沒有，對方不但不記得過去相處的細節，連態度也毫不在乎。沒多久，她便聽說那位舊情人再娶，新太太的年紀幾乎跟她的女兒一樣大。

美夢破碎了，這位太太回到家中，剛好那天是母親節，兒女請她到她最愛的餐廳吃飯，還送上一件美麗的外套作爲禮物。這天，她終於了解到，自己一直以爲孩子們不聽話，其實是她先入爲主的觀念，以爲自己值得得到更好的生活。潛意識裡她埋怨著這些孩子跟他們的父親，然而其實回過頭來看，她的先生在生前對她眞的不錯，而兒女們也孝順，她一直活在幸福中，只是過去十幾年來一直視而不見而已。最終她終於釋然，慢慢改變心態，也體會了眞正的幸福。

所有的失去，都是一種得到

在自然界有一種生態平衡的法則，而我們的生命也是一樣，當你失去某些東西，必然在另一方面得到補償，有時只是你視而不見罷了！像在路上你遺失了一雙手套，但可能撿到的是個窮苦的流浪漢，在冬日裡他因爲這雙手套而得到溫暖，你無形中也做了一件善事。

也許你會失控生氣，因爲你可能失去的不只是一個無關痛癢的東西，而是非常有意義的工作或物品。但儘管當下對你來說非常重要，也許往後卻無足輕重，因爲你將可能得到更好的，如果你願意重新出發的話，你永遠都能找到更好的。

如果不是因爲失去，你可能不會有時間跟心思去注意那些你未曾留意的事情，去探索你未曾發現的新世界。有些人因爲失業，而開拓了屬於自己的新事業，有些人的公司倒閉了，卻能在異鄉中找到更廣闊的市場，一失一得之間，端看你用什麼樣的心態對待。若能告訴自己，失去的會加倍要回來，那麼失去對你而言，將成爲一種激勵，而不是遺憾了。

由湯姆．漢克斯（Tom Hanks）主演的《阿甘正傳》（Forrest Gump）是我非常喜歡的一部電影。影片中的主角阿甘從小智力低下，身體上也有障礙，常常被同齡人欺負和排擠。阿甘參軍後，展現了卓越的勇氣和堅韌，成爲了一名英雄，並獲得了榮譽勳章。在軍隊中，他結識了忠實的朋友巴巴（Bubba），這段友誼在巴巴去世後，讓阿甘決心創立「巴巴阿甘蝦業公司」。儘管失去了摯友，但阿甘最終成爲了成功的商人，這展示了從失去中獲得的動力和成果。

世上沒有十全十美的事，只有改變我們的心態，那些不完美才有可能變得完美。總是將遺憾放在心上，對我們的生活有百害而無一益。適時放下是一種修爲，更是讓我們能擁有更多幸福的機會。

試著去接受生命中的缺憾，美醜之間，端看你用什麼樣的角度視之。就像幸福的體會，往往在一念之間。

”
要把失去的加倍要回來，這個動力對你而言反而是種幸運。
“

不要想去討好所有的人

聰明人不會去注意自己得不到的東西，更不會為它煩惱。

——賀伯特

妳是否常提醒自己要集中注意力、做好手邊的工作，不要想入非非？你總提醒自己：我應該合群，不該讓家人、朋友失望。不想被大家視爲異類，是否就該循規蹈矩？

放輕鬆一點，別人遠比你以爲的還要不在意你。

人是群聚的動物，我們都害怕被孤立，希望被喜愛、被關心，一旦受到排斥是，總讓人感到沮喪。會有這樣的心理是很正常的反應，但如果因爲擔心不被接納，而做出違背心意的事，或是做出諂媚眾人的行爲，那麼即使因此獲得認同，你也很難再快樂起來。

「希望被喜愛」是人性不是罪過，但若是由於滿足周遭人的好惡而失去了自我，那麼就是在傷害自己。

當你被別人的情緒牽著鼻子走，爲了滿足別人的需要而活，這並不代表你能贏得眞正的接納。由於依附他人所顯現出個性上的自卑，雖然不至讓人排斥，但這並不能代表他們會眞心喜歡你這樣的人。

沒有人會欣賞一個懦夫，當你壓抑自己的喜惡去附和別人，就是一種怯懦的行爲，最終仍然無法得到所有人的認同，一時的接納只是表面的，這只表示目前你尚有利用的價值罷了！

通常人們將這樣的人形容爲「牆頭草」，絲毫沒有自己的立場，隨著眾人的喜好而改變方向。雖然這樣的人只是隨波逐流，他最大的心願只是不想得罪任何人，但是無形中卻樹立了更多的敵人。尤其是當眞相被拆穿時，反而更容易落入被孤立的命運。

當你的人際關係陷入迷茫時，無論怎麼做都有人會對你感到不滿，不喜歡你。

人生就是用自己來照亮別人的一段旅程

不要太在意別人是怎麼看待你的，每個人都有不同的偏好，如果你把自己的人生都用來取悅別人，那實在是糟糕至極。過好你自己的生活，要用你人生的軌跡而非話語去影響他人。人生就是用自己來照亮別人的一段旅程。

正因爲每個人的喜好不同，你不可能去適應每個人的胃口，滿足每個人的想法，這只會讓你疲於奔命，最後依然徒勞無功。最壞的結果就是讓你變得無所適從，只隨著別人的喜怒哀樂而活，失去了個人存在的價值。

我有個朋友是大家眼中的好好先生，無論是男女問題或是生活上的求助，只要找他準沒錯。他看起來脾氣非常好，幾乎是有求必應。

有一回他暗戀一個女孩，據我們所知，那個女孩剛開始對他也有意思。

這位好好先生想約那個女生出來，特地去買了兩張演唱會的門票，不料被朋友知道了，立刻把門票A走。

任誰都知道那個演唱會門票很難買，然而禁不起朋友的求情，他的計畫泡湯了。

於是他想約女孩出來吃飯，但快到約定的時間，他又因爲朋友的請託，去幫朋友跑腿。等到達餐廳時已經遲了兩個小時，女孩當然早已不在了。

這位好好先生不死心地跑到女孩的宿舍樓下，想跟她道歉。好不容易見到了女孩，電話又來了。

「ＸＸ拜託！快去幫我占位子，這次我一定要搶到我女朋友最愛的手機，要不然我一定會被她罵死！」

這位好好先生呆住幾秒鐘，他看著那名心愛的女孩。女孩已經聽到從電話中傳來的聲音。

「你──可不可以等我一下……」這位好好先生說。

「沒關係，你朋友的事情永遠比我還重要，我想你還是走吧！」那個女孩僵著一張臉。

雖然他極力解釋這是老早答應朋友的事，但是女孩已經掉頭而去，不再給他任何機會。當他終於幫朋友買到手機，看著朋友跟女友開心的擁抱在一起時，他覺得自己快崩潰了。表面上，他還是盡量維持著笑臉，因爲不想破壞那麼好的氣氛。

後來他跟最要好的朋友訴苦，那位朋友才知道；原來這位「好好先生」小時候長得胖，功課又差，根本沒有朋友，以至於長大後，他極力想維繫每一段友誼，不想得罪任何人，但卻爲此付出了慘痛的代價。

我們無法討好每一個人，因爲別人有別人的想法，你不一定要跟他們一樣。老是擔心別人怎麼看自己，最終只會讓你疲於奔命，失去你應有的正常生活。

眞正對自己有信心的人不會怕得罪他人，當與人觀念有所衝突時，他們不會隱藏自己的意見，而勇於大膽捍衛自身的原則。或許一時的衝突難免，但長遠來看，還是能贏得更多的尊重。

讓他人理解你的原則，遠比老是附和別人來得重要，你不會因此失去這段關係，如果有人因此而離開你，那表示他也不是眞正值得你往來的對象。

眞正值得交往的朋友，懂得把持分寸，更不會因此去勉強你。

分清楚事情的輕重緩急，把心思放在重要的問題上，才能讓你更懂得安排自己的時間。偶而的堅持是必要的，讓別人更清楚你的標準，在雙方的互動間尋求最佳的平衡，那才是眞正令人愉快的關係。

“

沒有原則的人容易被予取予求，卻沒有人真正在乎他的感受。

”

學會自私一點

適度的自私是保護自己，讓你的辛苦不致輕易被剽竊，讓你擁有更多的資源，去分享給其他真正需要幫助的人。

在這個快節奏的世界裡，我們常常被教導要善良、要無私地付出。然而，當我們不斷地顧及他人，卻忽略了自己的需要時，我們可能會因迷失自我而感到疲憊不堪。

我想和你分享一個新觀點：適度的自私並不是壞事。少去關注別人的消息，少一些不切實際的幻想，少一些悲壯的犧牲，少一些心軟。多想想自己吃得開不開心，玩得開不開心，工作得開不開心，過好自己的小日子。

這並不是鼓勵我們變得自私自利，而是希望隨和的你有時也該學會替自己多保留一些，先照顧好自己，才有能力照顧他人。當我們把自己放在首位，充實了自身能量，我們才能用愛心與活力面對生活中的每個挑戰。

「自私」的人之所以令人討厭，是因爲他們總是在想辦法從別人身上「刮油」，而且覺得那是天經地義的。這種性格的人往往覺得當他有難時，全天下的人都該爲他承擔，但當他享福時任何人都別想來分一杯羹。因此在西方思想中，自私是最爲人唾棄的一種行爲。但換個角度來看，於我們身處的世界，如果處處都是這種自私自利的人，而身爲好好先生的你，難道沒能感受到老是被人侵犯的痛苦嗎？

適度的自私並不意味著得漠視他人的需要，而是得意識到自己的重要性。我們可以在適當的時機對自己多一些關心，多一些照顧，這並不是自私，而是對自己的一種尊重。當我們擁有了良好的身心狀態，我們才更能好好地去幫助他人，成就更美好的自己。

所以，學習放下那些不必要的包袱，釋放自己，活出眞正的自我吧！別因過度關注他人而忽略了自己的需要，使自己成爲那個被剝削的對象，以免傻傻被利用了還毫無所知，這樣才能眞正活出自己的精彩人生。

遇爛人，及時止損。
遇爛事，及時抽身

我有位朋友心腸很軟，對朋友非常講義氣。只要友人苦著臉來哭求協助，他幾乎有求必應。某次，一位友人從南部來電求助，說自己在路上遇到扒手，要幫長輩辦喪事的錢都被偷光了，一時想不開。這位朋友一聽非常緊張，先是到處籌錢幫助那位友人，還專程南下安慰對方。當時，友人感激涕零的模樣讓他覺得自己的雪中送炭很有價値。

但是，當一段時間之後，債主找上門來，那位想不開的友人表示自己無力償還。朋友遂將身上值錢的東西都拿去銀行抵押，後來連車子都被銀行法拍，連電話費都繳不出來而被停話。當他找到那位當初想不開的友人，對方又開始哭喪著臉說他也無能爲力。就在此時，朋友向對方商借手機想打給家人。

沒想到那位害得他悽慘落魄的「友人」竟然回答說：「喔，手機費很貴的，你去打公用電話吧！」這時，這位善心助人的朋友才猛然驚醒，眞的很想一頭撞牆。

沒有人喜歡被人利用，更沒必要活在他人的世界中，在這個現實的世界，那些可貴的情操並非時時適用。當你身處於一個人人只重私利的環境，除了提醒自己不要變得跟其他人一樣，適度保護自己更是必要的。

適度的保護自己不是自私，也不是功利主義。好比在公司職場，有個非常好的職缺，同時競爭者眾，這時難道還要優先替別人考慮嗎？當你知道怎麼做對你是最有利的，就不該爲旁人的雜音左右你的決定，幸福需要自己努力爭取，沒有人會免費奉送。

什麼是最適合自己的需要——這點只有自己心裡明白，任何人妨礙了你追求幸福的權益，你都該挺身而出，挺身捍衛屬於自己的權益。

像我們這樣的凡人，無法像宗教家擁有無私的大愛，也不是住在城堡裡銜著金湯匙出生口袋滿滿的富貴人家。尤其在初入社會剛起步時，別讓人輕易攫取你的成果。

小心周遭那些時刻都可能出現的僞善竊賊，他們正虎視眈眈地等著把你所擁有的一點一點偷走。如果你把善良用在這些小人身上，那不是發揮美德，反而是對自己的殘害了。

適度的自私不是一種罪惡，而是適度的自私，可以讓自己少受點苦，將來可以把幸福分享給更多的人。

適度的自私是在保護自己，避免無止盡被淘空、背叛，而摧毀了自己的生活。它可以讓你認清自我的存在價值，無須一味承擔別人的失敗，這麼做不會讓你成爲偉人，而是遭人愚弄的傻瓜。

”

你無法要求他人如你所願，倒不如先為自己多留點退路。

“

中斷不良行為模式

習慣剛開始只是蜘蛛網，後來便變成了巨索。

——西班牙諺語

對於許多長期生活在傳統規範下的女性而言，「離婚」絕對是一個極具挑戰性的決定。

我們常常發現自己陷入困境，但卻因爲種種壓力和擔憂而選擇忍耐。「其實，從婚姻的一開始，我就已經察覺到我們有很多問題，但我們都選擇了沉默」、「不能和諧一定是我做錯了什麼」、「一定是我不夠好，所以我的婚姻才會千瘡百孔」、「萬一離婚，別人一定會覺得我是個失敗者」……

我們被灌輸著「從一而終」的華人傳統觀念，尤其是父母輩更是如此。

我有一位阿姨，從小就常見她來家裡時，一把鼻涕一把眼淚地向母親哭訴。母親無意間透露，這位阿姨經常受到家暴，有天晚上甚至在睡夢中被姨丈打斷了腿。

即使過了好幾年，她的兒女都已經長大成人，也有不錯的職業，但令人驚訝的是，姨丈依舊對她動輒打罵，毫不手軟，而這位阿姨卻仍未考慮離開。

爲什麼有人罵不走、打不跑呢？後來才了解到，這位阿姨原來是養女，從小她的養父母就沒給她過好日子，老是差使她去幫傭、擺攤，還經常讓她餓肚子。她認爲這樣的命運如影隨形，即使養父母早已過世，她仍然無法擺脫命運的束縛。她深信自己注定不會幸福，這眞是令人心碎！

雖然這個社會上深陷感情漩渦無法自拔的案例比比皆是，例如縱容另一半感情背叛、替男人背債、重複愛上花心男等等這些不幸一再重複發生。然而，慶幸的是，大部分現代女性正在重新詮釋命運，我們不再受困於自我設限的框架。勇敢斷開不適合自己的情感關係，重新認識自己，我們會發現內在的力量。

其實，幸與不幸不過是一念之間。有些人身體殘障，卻能彈得一手好琴；有人必須坐輪椅，但打籃球、跳舞都難不倒他們。如果我們的觀念無法改變，再大的幸運降臨也感受不到。

你曾經感到，無論你做了多少，總是覺得自己不夠好嗎？曾經在別人讚美和鼓勵你的時候，仍然感到自我懷疑和不安嗎？究竟是什麼導致我們有這樣的低潮和瓶頸？原因就是那些不良習慣的養成意以及源於我們對自我價值的誤解。習慣凡事悲觀思考，凡事消極看待，認爲自己永遠不配得到快樂的人，就眞的快樂不起來。改變思維，停止埋怨，放下過去的包袱，勇敢面對自己的不足，改變不良的習慣，開創更美好的未來吧！每一滴淚水，都將成爲我們前進的動力。

習慣是一種頑強的力量，它可以主宰人的一生

我們常聽到人們說：「幸福掌握在你的手上。」這不只是一個空泛的口號，也並非達到某種成就才能感受得到。只要你用心體會，微小的事物也能爲你帶來幸福的感受。

當你抱怨命運不公時，看看那些比你更不幸的人吧！因天災人禍導致連家園都被毀的人們、連溫飽都成問題、沒機會受教育的貧困國家人民，他們不是更有資格抱怨嗎？但是你會驚訝地發現，最美妙的歌聲常在最窮困的環境裡產生，最樂天的人不是居住在繁華都市裡的。所以快樂與否取決於你的想法，而不在於你擁有的多寡。

當消極悲觀的因子在你身上發酵，你就無法看到美麗的世界；如果你只是依賴別人給予而得到滿足，那麼幸福將離你越來越遠。

心理學家發明了一種「行爲模式中斷法」來幫助人們走出心理陰霾，改善他們的精神生活。這是一種潛意識治療法，在你臨睡前和起床的那一刻，想像美好的事情，灌輸自己「今天會更好」的想法。出乎意料地，奇蹟似乎就在冥冥中發生了。這不是你的命運改變了，而是心理上的改變，影響了你的行爲。當你拋棄了那些悲觀思維，才會發現快樂的存在，生活也才能漸漸進入佳境。

改變你的壞習慣，從幾小時到幾天，慢慢到一個月、一年，直到你忘了這回事爲止，那些負面思維將不再成爲你的阻礙。這一切得由你本身做起，從現在開始爲自己設定目標，一步步改變，命運將大大不同。

失敗的人生來自不良習慣的養成。

國家圖書館出版品預行編目資料

安協只是周全討好，不會讓你人生更好 / 徐竹著.
——初版——新北市：晶冠出版有限公司，
2024.07
面；公分．——（時光薈萃；14）

ISBN 978-626-97254-8-9（平裝）

1.CST: 自我實現　2.CST: 生活指導

177.2　113008490

時光薈萃 14

妥協只是周全討好，不會讓你人生更好

作　　者　徐竹
行政總編　方柏霖
副總編輯　林美玲
校　　對　蔡青容
封面設計　王心怡
出版發行　晶冠出版有限公司
電　　話　02-7731-5558
傳　　真　02-2245-1479
E-mail　ace.reading@gmail.com
部落格　http://acereading.pixnet.net/blog
總代理　旭昇圖書有限公司
電　　話　02-2245-1480（代表號）
傳　　真　02-2245-1479
郵政劃撥　12935041 旭昇圖書有限公司
地　　址　新北市中和區中山路二段352號2樓
E-mail　s1686688@ms31.hinet.net
印　　製　福霖印刷有限公司
定　　價　新台幣300元
出版日期　2024年07月 初版一刷
ISBN-13　978-626-97254-8-9

※本書為改版書，原書名為《要想擁有安然自在的心，就要不為難自己》。